上海抗战与世界反法西斯战争系列丛书

淞沪

淞沪抗战史料丛书

第七辑

沪难与日本 | 佚 名 著
淞沪和战纪事 | 佚 名 著

上海科学技术文献出版社
Shanghai Scientific and Technological Literature Press

图书在版编目（CIP）数据

淞沪抗战史料丛书第7辑：沪难与日本、淞沪和战纪事 / 佚名著．—上海：上海科学技术文献出版社，2015.4
（上海抗战与世界反法西斯战争系列丛书）
ISBN 978-7-5439-6590-4

Ⅰ．①淞… Ⅱ．①佚… Ⅲ．①一·二八事变—史料 Ⅳ．① K264.310.6

中国版本图书馆 CIP 数据核字（2015）第 035690 号

本书由上海文化发展基金会图书出版专项基金
上海市哲学社会科学规划课题资助出版

责任编辑：张 树 李 莺
封面设计：周 婧

丛书名：上海抗战与世界反法西斯战争系列丛书
书 名：淞沪抗战史料丛书第七辑：沪难与日本、淞沪和战纪事

佚 名 著
出版发行：上海科学技术文献出版社
地 址：上海市长乐路 746 号
邮政编码：200040
经 销：全国新华书店
印 刷：常熟市人民印刷有限公司
开 本：889×1194 1/32
印 张：11.5
版 次：2015 年 4 月第 1 版 2015 年 4 月第 1 次印刷
书 号：ISBN 978-7-5439-6590-4
定 价：100.00 元
http://www.sstlp.com

《上海抗战与世界反法西斯战争》系列丛书总序

徐　麟

伟大的中国抗日战争，是近代中国人民反对帝国主义侵略并且取得第一次完全胜利的民族解放战争，是开展时间最早、持续时间最长的世界反法西斯战争东方主战场。在这场历经十四年之久的抗日战争中，中国各族各界人民同仇敌忾、共赴国难，经过艰苦卓绝的浴血奋战，以巨大的民族牺牲，打败了穷凶极恶的日本法西斯侵略者，取得了辉煌的胜利。正如习近平总书记所指出的，中国抗日战争“为挽救民族危亡、实现民族独立和人民解放，为争取世界和平的伟大事业，作出了彪炳史册的贡献”。中国抗日战争是在中国共产党倡导的以国共合作为基础的抗日民族统一战线旗帜下进行和取得胜利的。以爱国主义为核心的伟大民族精神是中国抗日战争胜利的决定因素，中国共产党的中流砥柱作用是中国抗日战争胜利的根本保证，全民族抗战是中国抗日战争胜利的重要法宝。

上海抗战是中国抗日战争的重要组成部分。在中国抗日战争与世界反法西斯战争中，作为中国共产党的诞生地，上海这座具有反帝反封建光荣革命传统的英雄城市，发挥了独特的重要作用，作出了重大的历史性贡献。

20 世纪三四十年代，上海这座国际性的大都市，已经成为中国与世界各国通商贸易的主要港口，成为中国经济、文化中心和政治、外交副中心。同时，上海又是当时中国最大的军港和守卫长江的大门，具有重要的军事战略地位，因而始终成为日本法西斯军国主义觊觎的一个战略要地。1931 年九一八事变后，日本法西斯军国主义进而在上海挑起了一·二八事变，发动了对淞沪地区的武装侵略，驻守上海的十九路军和前来增援的第五军与上海人民奋起抵抗，给予日本侵略者以沉重一击，成为中国局部抗战历史进程中承前启后的关键性一役。九一八和一·二八时期的抗日武装斗争和民众抗日救亡运动，在世界上率先举起了反法西斯的旗帜，揭开了中国抗日战争和世界反法西斯战争的序幕。1937年七七事变后仅一个月余，日本法西斯军国主义又把侵略魔爪伸向上海，遭到中国爱国军民的顽强抵抗，形成了以上海为中心的一场气壮山河、震惊中外的八一三淞沪抗战。七七卢沟桥事变和八一三淞沪会战，标志着日本法西斯军国主义全面侵华战争的开始。在中国共产党的积极倡导和推动下，抗日民族统一战线正式形成，揭开了中国全民族全面抗战的序幕，也标志着世界反法西斯的第二次世界大战在亚洲的东方战场正式形成。在八一三淞沪抗战历时一百多天的日日夜夜，中国军队和上海人民以其鲜血和生命，筑成了一座民族自卫的血肉长城，谱写了一曲民族团结、共御外敌的壮丽史诗。上海沦陷后，上海民众在全国人民和全世界爱好和平的各国人民的声援、支持下，面对极其艰辛险恶的环境，仍然以大无畏的英雄气概，坚定不移地继续投身于全民族抗战的洪流，对日伪的法西斯统治进行不屈不挠的斗争。中国共产党始终高举抗日民族统一战线的伟大旗帜，发动民众，团结上海各界人士，从人力、物力、财力等方面支持抗日民主根据地和抗战大后方的斗争，冒着腥风血雨，迎接抗日战争的最后胜利。

两次淞沪抗战及上海民众在十四年中不间断的抗日救亡运动，构成了一幅幅上海抗战英勇悲壮的画卷，也铸就了上海在中国抗日战争和世界反法西斯战争中的重要历史地位：上海不仅是中国对日作战的一个坚强的军事战略重镇，也是中国抗日救亡运动的前期中心和中国抗战文化的发源地；不仅是支援抗战大后方和抗日民主根据地的重要基地，也是世界反战反法西斯人士和中外难民的庇护所，是世界反法西斯舆论战、情报战的东方主要阵地，又是中国联系国际反法西斯阵营的纽带和桥梁。更为重要的是，上海抗日战争凸显了其重要的历史意义：它在外敌入侵、民族危亡的关键时刻，全面地、全方位地弘扬了以爱国主义为核心的民族精神，折射了中华民族有同侵略者血战到底的气概、有在自力更生的基础上光复旧物的决心，有自立于世界民族之林的能力，上海抗日战争在中国抗日战争和世界反法西斯战争历史上树立了一座永不磨灭的丰碑。

今年是中国抗日战争暨世界反法西斯战争胜利七十周年。在中共上海市委的领导和支持下，上海学术界和理论界，经过多年的努力，联合推出了《上海抗战与世界反法西斯战争》系列丛书。这套系列丛书分为三个子系列，**一是上海抗日战争史丛书，**内中包括上海抗战史通论、一·二八淞沪抗战、八一三淞沪抗战、日军在上海的罪行与统治、上海人民抗日救亡运动、上海郊县抗日武装斗争、上海人民支援新四军与抗日根据地、抗战时期的上海经济、抗战时期的上海文化、上海抗战与国际援助等；**二是淞沪抗战史料丛书，**选辑和汇集民国时期有关上海抗战的具有代表性的通讯、纪实、回忆录及报告文学等鲜为人知的孤本、藏本影印重版；**三是上海抗战与世界反法西斯战争研究丛书，**其中包括：资料性著作：如记忆中的淞沪抗战、淞沪抗战中文报刊资料选编、淞沪抗战档案史料选编、上海抗战历史文献选编等；专题性著作：如中国共产党与上海抗战、当代学者论淞沪抗战、国外学者论淞沪抗战、一·二八淞沪抗战画史、八一三淞沪抗战画史等；工具性著作：如上海抗战与世界反法西斯战争大事年表、上海抗战与世界反法西斯战争事件人物录等；通论性著作：在上述论著的基础上完成一部通论性著作，即上海抗战与世界反法西斯战争全史。这三个子系列丛书各有千秋、各具特色，在集结出版后，更能起到互相参照、取长补短的作用。可以说，这套系列丛书是上海学术界和理论界研究上海抗日战争和世界反法西斯战争的一项重大的学术成果，是对上海抗日战争史研究的一个重要总结和一次集中展示，也是向中国抗日战争暨世界反法西斯战争胜利七十周年献上的一份厚礼！

“疑今者，察之古；不知来者，视之往”。历史是最好的教科书。《上海抗战与世界反法西斯战争》系列丛书的出版发行，更是为了向社会提供一部能够弘扬时代正能量、培育与践行社会主义核心价值观的好教材。让我们站在新的历史起点上，进一步铭记历史、缅怀先烈、珍视和平、警示未来，为实现中华民族伟大复兴而奋斗，为促进世界的和平和发展作出我们应有的贡献。

2015 年 3 月

出版说明

《淞沪抗战史料》丛书充分利用上海图书馆馆藏资源，将已见或未见的关于淞沪抗战史料以影印的形式出版，内容涵盖两次淞沪抗战，即一·二八淞沪抗战和八一三淞沪抗战，力求比较全面、翔实和生动地反映淞沪抗战的全貌。

两次淞沪抗战，是中国人民伟大的抗日民族解放战争的重要组成部分，特别是八一三淞沪抗战是在中国共产党的抗日民族统一战线政策的指引下，以国共两党的合作为中心，全国各爱国党派团体、中央和地方各系抗日军队、各界爱国民众以及海内外侨胞，在抗日御侮、共赴国难的基础上发动和进行的，堪称民族自卫战争史上的伟业。它体现了中国人民血洒沙场、拼死抗战的决心和民族团结精神。在抗战胜利 70 周年之际，阅读这些史料，重温那段中华民族优秀儿女面对强敌、誓死抗争的精神，就是最好的爱国主义教育。两次淞沪抗战展示了中华民族奋起改变自己国家命运的伟大信念，爱国主义激发出全体中国人民的巨大力量，这种信念和力量，在今天仍然弥足珍贵，令人心怀激荡。两次淞沪抗战中那些大气磅礴、气壮山河的史诗故事，均在本套丛书资料中有翔实的记录和质朴的史料作为佐证。

由于各种原因，原书中存在着印刷错误，而且有些细节也与史料不符，对书中的一些观点我们也不完全赞同，为了给读者提供最原始的抗战史料，对上述问题未做任何处理，希望读者能够给予理解。

编者

2015 年 3 月

目　录

反日宣傳小叢書之七

滬難與日本

中國國民黨浙江省黨部編印

二十一年三月

斷我心腸

章耀南

滬難與日本

目次　頁數

滬難與日本

緒言

自滬難發生，迄今又二十餘日。在此二十餘日中，賴我忠勇將士，以赤血黑鐵，抵死抗拒。雖暴日合其海陸空軍之力，使用最新之戰艦大砲坦克車飛機，累次增援，集師猛攻。然終一再摧沮，貪欲莫達。雖局部小勝，不能憑决國勢之榮枯；且日軍被挫憤毒，將更大舉增援，戰事迄未能終止。然即此小勝，其給予我人之鼓勵，影響國家之前途，直非數量可計，請略陳之：

年來懼外媚外心理，深漬國人腦中。因此一念，遂致所有力量，俱向內發洩，以爭雄長，以自砍殺，以日陷國家於絕境。而對外則中懷恐懼，蝟縮鼠伏，不敢一試身手。九一八日人起釁，數十萬雄師，郤行倒退；坐視東北淪陷，山河變色，使國家蒙歷世不磨之恥辱者，皆此「外國人乃天神，我非其比」之一念有以致之。日本軍閥本莊繁輩，遭此奇觀，乃放言中國可三月內佔領；而上海事變之初，日軍官亦通知各國，謂中國軍隊至多可四小時解決，對我極深鄙醜詆之致。各國亦謂：中國軍事上抱絕對的悲觀。然而事實所昭示，則十九軍激於救國保種之一念，打破外國人乃天神之畏葸心理，以無準備之偏師，抗海陸空夾擊之強敵。至今近月，不惟寸地未失，且士氣愈奮。不獨予全國人心理上絕大勇氣，足以執持不抵抗論者之口；且使國際一新觀感，昔之輕視華兵不能對外作戰者，至今亦改貌易詞，稱「中國軍隊已得戰勝之光榮，戰鬥力之強，非世界始料所及。上海之戰事，爲中國恢復榮譽不少，幷足以表示中國爲能自衞之國家」矣！此一義也。

原日人之轟擊閘北，乃在我完全屈服承認其條件之後，且炸毀及於社會教育文化慈善機關人民住宅，慘殺至於良善人民婦女小孩，其背棄信義，橫絕人道，應受國際之公裁，固無待言。更足證明日人暴行之目的，幷非保僑及取消排貨，乃在實現其「第三期之滅亡滿蒙以便征服支那全土，」「如欲征服世界，必先征服支那」之豺狼貪欲。故我雖欲屈辱亦不可能。時局危急至此，我國家民族非抱巨大犧牲之決心，作持久抵抗之行動，以圖郤敵保土；卽順伏於倭人之前，演國亡種滅之慘劇已耳！此外再無第三途可尋，亦無走第三途之理。此又一義也。

大戰而後，世界爭點轉移於太平洋，各國皆視眈欲逐於廣土衆民之中國。今暴日淫威，乃由東北施及東南，置國聯顏面於不顧，與英美絕大威脅，而欲一口嚥呑整個中國於腹中。自中國言，固爲存亡關頭；自世界言，又豈能坐視。暴日遲早必蹈前德意志之覆轍，受各國共同制裁。當可斷言。惟國家民族，自有國家民族之人格；中國斷不能因此而稍存僥倖心覬覦心，更當深自警醒：天助自助者！中國若能抵死抗日自救，世界方有公道可言。否則不亡於暴日，亦必受瓜分共管之慘劇，試觀此次小勝，而各國輿論卽已易目而觀，是其明證。故必軍事上絕對不屈服，然後在外交上方能挾各國以爲重。此其三也。

自滬變以來，社會人士，對於戰爭之經過，日人之暴行，政府之政策，莫不欲得一

滬難與日本緒言　四

整個之觀念，以爲喚起國民自衛之資。故特就報章所載，輯爲此書。自一月二十日日人焚三友工廠起，至二月十三日蘊藻浜血戰殲敵止。倉卒付印，錯漏必多，當祈閱者正之。十三日以後情況，容再續編。

編者　二一，二，二十。

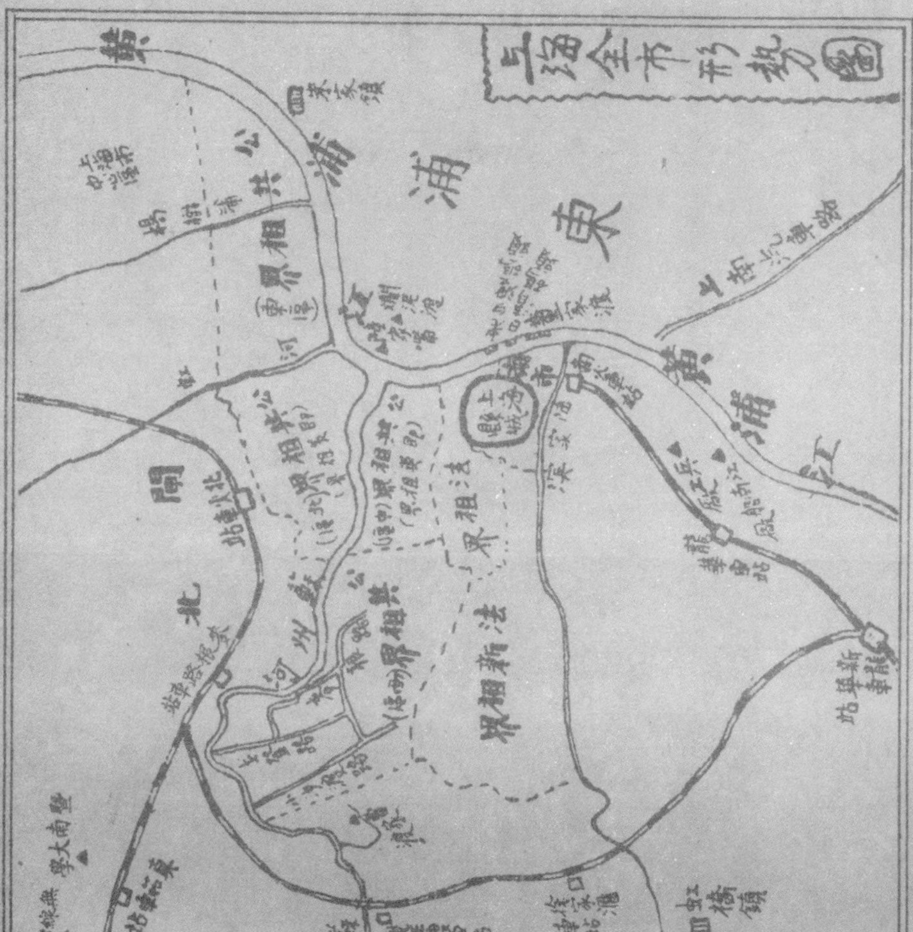
上海全市形势图
浦东
闸北
公共租界
法租界
法新租界
上海县城
南市

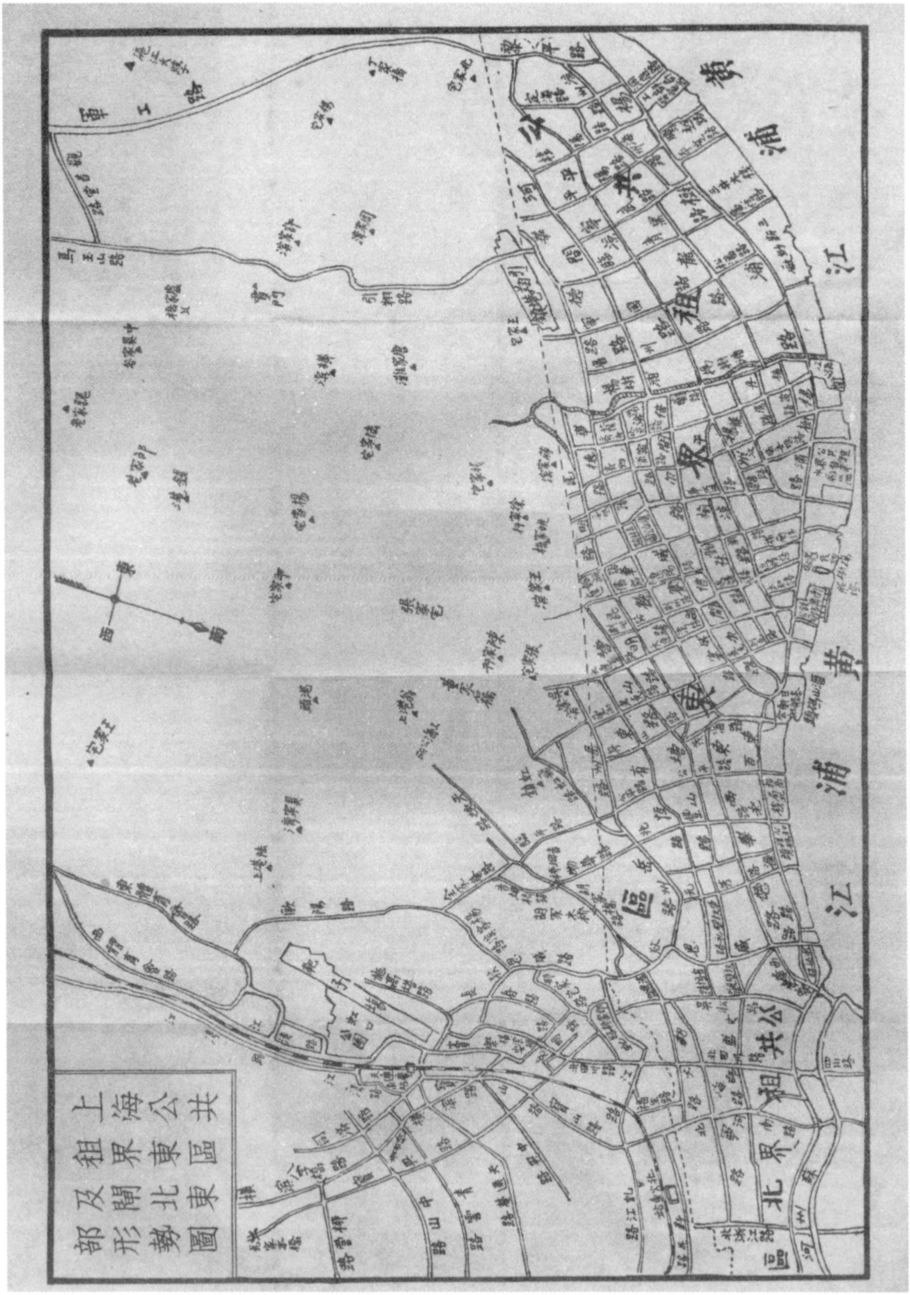
上海公共租界東區及閘北東部形勢圖

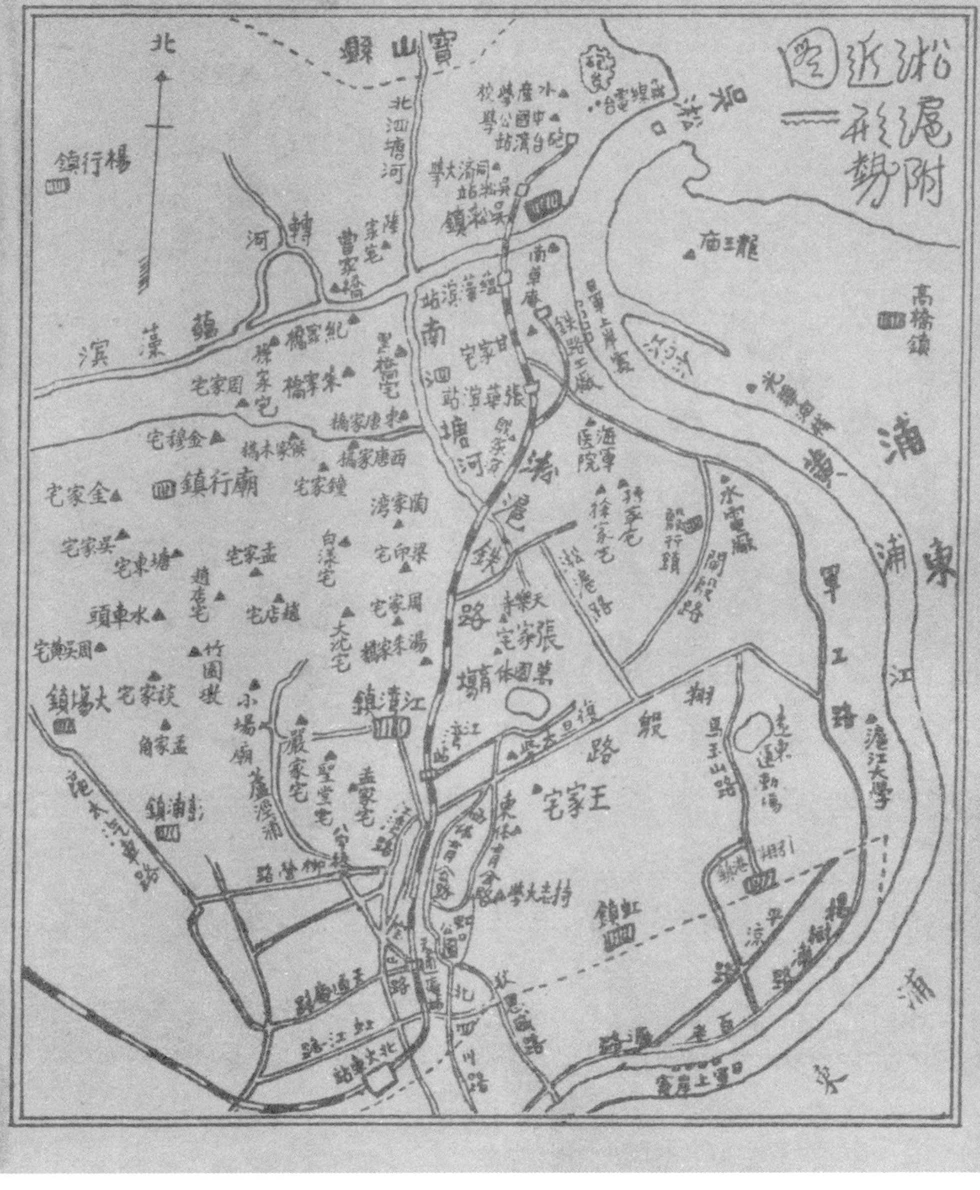
淞滬附近形勢圖
北
寶山縣
吳淞口
吳淞鎮
楊行鎮
廟行鎮
江灣鎮
大場鎮
彭浦鎮
殷行鎮
高橋鎮
虹口鎮
龍王廟
蘊藻濱
轉河
北泗塘河
南泗塘河
淞滬鐵路
軍工路
翔殷路
閘殷路
淞滬路
蘊藻濱站
張華濱站
王家宅
張家宅
水電廠
滬江大學
持志大學
東體育會路
北四川路
北火車站
黃浦江
東浦
虬江路
蘊藻濱

上海川沙瀏河形勢圖
揚子江口
航路
崇明縣
寶山縣
獅子林炮台
滬太長途汽車路
川沙縣

滬難與日本

第一章　日浪人挑釁與日領之無理要求

自九一八事件發生，以至於龍江錦州之相繼淪陷，日帝國主義對於東北數省之侵略，已大半達其目的，於是乃轉其鋒於沿海各地，期以强力壓迫制止我國民之抗日救國運動，而尤注意於上海。蓋以上海為我國經濟交通之總樞，且密邇首都，侵佔上海，則無異扼我之吭，自無能力抗拒，以求達其大欲。一月二十日上海三友實業社棉織廠之被焚燬，實為最近日人整個計劃之開始。茲篇所述，即以此次事件為始。

日浪人挑釁

三友實業社，所出貨品，頗足奪日本棉織物之銷路。尤其是三角牌毛巾，抵制之先，已使日貨鐵錨牌毛巾絕跡市場。三友實業社營業，於抵制日貨後，格外發達，而日人之嫉視，亦愈益加深。（該社總工廠，在引翔港馬玉山路）。故時有日人前往徘徊窺探，意圖尋釁。日前有一武裝日人扯去門前反日標語。十八十九兩日，更時有日本浪人手持兇器，梭巡廠之前後。其為預蓄陰謀，昭然若揭。至二十日上午二時餘，乃有日本浪人五六十名，成羣結隊，分兩路到場。一路由華德路結隊東行，一路由日商東華紗廠後面僻徑而來。由華德路來之日人，因經過華德路底楊樹浦捕房第一號警亭時，與華捕發生衝突，死傷華捕三人，知肇大禍，立即退回，故三友廠前面未被破壞。其由公共租界東華紗廠出發之一隊，則經公共租界臨清路而越入華界。當大隊浪人由臨清路出發時，適公共租界楊樹浦捕房七六五號華捕周潤生，一一一六號華捕朱伍蘭，在該處巡查，日本浪人即拔鎗開放，周潤生聲斃。朱伍蘭即奔赴華租交界處之報警亭內報警。（按該處即在三友實業社工廠之旁）其時報警亭內，祇有華捕三零二九號陳勝德一人守衛，當朱伍蘭入內告援時，即擬由電話內報告捕房。詎一手方握電話機，日浪人業已趕至，即拔刺刀將朱捕之手砍傷，朱捕右手三指，卽被砍去，當痛極倒地。而另一華捕陳勝德見狀，卽護救朱捕疾行趨避，而日浪人亦卽加以鎗擊，並割去一耳。陳捕當卽倒地。此隊浪人復由僻路與另一隊會合，到達三友社廠西北角，將倭刀撬開竹籬笆，闖入靠楊家宅之毛巾工房，此時二時半左右。日浪人隨卽依照預定計劃，包圍三友實業社工廠，日浪人四十餘，則包圍該廠南首黃家宅路一旁，將硫磺彈投入該廠屋頂，並將報紙滿醮戤司林，引火投入廠內，於是該廠隨卽起火。附近居民，雖由夢中驚醒，而不敢出外援救。於是火光熊熊，祗得任其延燒。時在更深，工人等均深入睡鄉。旋以竹籬着火，劈拍作聲，該廠請願警張世勳及巡更夫等，聞聲驚起，知爲着火，卽用廠中所備之太平龍頭灌救。同時楊樹浦救火會救火車亦已馳至，共同施救。租界楊樹浦救火會得訊，亦派救火車兩輛，馳向出事地點。當第一輛駛至華德路半途時，卽被日兵阻止去路，不讓前進，幸第二輛救火趕至，由救火員中之西人，向其力爭，始得過去。其時五區四分所所長吳玉亭，亦率警到場，幫同救火。放火日人，知已有備，當卽逸去，火種遂爲救火會人員撲滅。惟恐日人見計不遂，或欲重來，特留救火員在廠戒備。而一度放火退去之浪人，果不出該廠所料，見火勢漸熄，惟恐不盡付一炬，復捲土重來。因日人最初將火油澆灌織巾間，焚而未遂，此來似欲焚炸該廠鑪鍋間者。蓋該廠大門朝北，織巾房居廠後，面北背南並列，共十四間，鑪鍋房卽在廠西，鑪間之半中隔一弄，弄西卽爲工人宿舍，宿舍以西，距離一數十步之荒場，卽爲東華紗廠，故日人來去甚屬捷便。日人二次重來，此來轉入小弄，紛將硫磺包炸藥擲入，欲焚爆爐間。無奈靠南一段均屬磚墻，外圍竹籬，房隱於內，籬墻相隔約丈餘，故日人所擲炸藥盡落籬內天井，難中要害。且其時日人知廠中有備，未敢久留，須臾卽自退去。所有炸藥布包盡爲該廠獲得。至第一次來時日人所遺啤酒瓶，及日文報紙，捕房及該管五區四分所均有拾得，俾作證據，聞瓶間尙有日商出品商標，是更可證明日人之有計劃破壞也。

日居留民之騷擾

同日下午一時許，滬埠日僑以華人之抗日運動爲口實，假蓬路日本人俱樂部開居留民大會，到會者約近千人，議決請求彼國政府增派海陸軍來華，消滅華人之抗日運動。休會後，日僑即擁出會場，一部日僑往領署請願，大部日僑則往北四川路底，請求日海軍陸戰隊隊本部消滅華人之抗日運動。三時許，日僑五六百人，向北進發，手執竹桿木槓，或持國旗及標語旗，沿途高呼。比抵靶子路北首北四川路，兇燄益張，見路旁商店玻璃窗中黏有標語者，即用武器打毀，商店咸驚懼，紛紛閉市，然損失已爲數不貲。計北四川路西旁同福泰鞋帽莊，明星礁廠，湯白林西菜社，喬香號，通利酒樓，恆豐昌布店及三友商店等。均被搗毀。而日僑赴陸戰隊部時，意在示威，咸在馬路正中步行，以致路途阻塞，車輛不得通行。彼等行至奧迪安戲院及大德里之間，適有一二五號之一路電車及一五〇七〇號之公共汽車自北駛來，司機見大隊日僑迎面擁來，停留不敢前進。詎日僑認爲阻彼前進，即動手敲打，電車汽車之玻璃窗、遂如粉碎。電車中有一西童，面頰爲玻片刺破，電車司機亦受傷。又虬江路附近之五區二所巡警張立心，被日僑毆辱，雲飛汽車行前之行人忻曉景，（甬人）被毆受傷，三七零號之西捕，在川公路口爲日人用竹桿擊傷。一時紛擾不堪，街路之間，充滿恐怖景象。而日僑抵北四川路陸戰隊部後，卽紛紛散去。嗣後復有日本陸戰隊外出示威，皆擎鎗立汽車上，向兩旁作瞄準狀，往返巡遊，旁晚尚不休止。

日政府之態度與日領無理要求

三友廠日人縱火案發生後。日政府之態度如何，至堪注意。據路透社廿一日東京電：「日政府因上海發生騷擾，日僑漸覺不寧，決計再派軍艦前往上海，飛機母艦與巡艦各一艘。又驅逐四艘及陸戰隊若干人，已奉命立卽由吳軍港開往上海，又佐世保軍港軍艦現亦準備隨時出發。」國民新聞社二十一日東京電：「海軍省接昨日上海日僑鬧事之消息後，今日命現泊吳軍港之艦隊，立卽開往上海。該艦隊有巡洋艦一艘，飛機母艦一艘，驅逐艦數艘，諸艦均載有陸戰隊，海軍省又命佐世保之諸艦，準備出發。」又東京電：「芳澤二十二日訓令上海日領，警告中國當局，對於仇日舉動，留意取締，語頗激烈。日內閣今日會議，決議保護上海一帶日僑方法，由所派海軍自由行動，全權處置。」

是日本之意圖將事件擴大，期以炮艦政策威脅我政府，抑制我國民之反日救國運動。已自昭然。而此事件發生之背影，更不問可知。果也日人縱火案發生後，日本總領事卽以毆傷日僧案爲名（據說：先是一月十八日，有日本人五名，中有僧人在內，在三友實業製造廠經過，爲中國人所狙擊。被狙擊之日本人有兩名受重傷，僧人一名旋卽因傷殞命。）向我抗議，並提出四項要求，(一)市長須對總領事表示道歉之意，(二)加害者之搜查逮捕處罰，應迅卽切實實行，(三)對於被害者五名，須予以醫藥費及撫慰金，(四)關於排日侮日之非法越軌行動，一概予以取締，尤其應將上海各界抗日救國委員會以及各種抗日團體卽時解散之。吳市長予以口頭之答復，謂關於第二項中國法律對於傷害罪之處分，本有明文，自當緝兇依法究辦；至一三兩項，亦可考慮。惟第四項事關民衆運動，如在法律範圍以內者，本人無權取締，如有非法行動，自當依法制裁。而日艦隊司令鹽澤突於二一日提出哀的美敦書，致市政府，要求對於日領抗議排日，立予滿意答復，並要求解散抗日會及各種排日機關，如不依從，日海軍當局將取適當手段。幷將此哀的美敦書交日總領事及工部局，咄咄逼人，事件更覺嚴重。

日領限期答覆與我之覆牒

二十三日下午三時半日政府派來之軍艦五艘抵滬。二十四日下午二時許，日由旅順調來之航空母艦能登呂號抵滬。同日由日本總領事通知上海市長，謂渠若不於相當時期之內接到答復，或答復不能滿意，則日本政府保留依照情形採取必要行動之權。而日政府斯時之態度如何。則據日聯社二十五日東京電：「日本政府對於以上海爲中心之華南事態之重大化，審議應急策及根本方針。討論之結果，決定按照既定方針，出於强硬之處置。並決定關於保護日僑之根本方針，雖取現地保護方針，但在形勢惡化之地方，爲避免被害計，特取臨機應變之措置，斷然行使實力，以期解決。」同日日本總領事知會上海市長，謂彼雖不限定時間，但欲於二十八日接獲答覆案之概要。又據國民新聞社二十六日東京電：「今日據外務省宣稱，外相芳澤今日將以辦理滬案之切實訓令，致駐滬日總領事村井。聞日當局因上海吳市長對村井之要求取消抗日團體，迄未作答覆，故決議取嚴峻有效之計劃，保護上海之日僑。又聞村井接訓令後將商諸鹽澤等，以緊急手段，對付抗日救國會。又東京海軍當道，亦決議如中國當道，對於日本要求，無滿意之答覆，即擬實施對付上海排日份子之行動，外務省與海軍省官員，曾開聯合會議、考慮上海之時局，雖未有何公布。但據現象觀之，上海之時局，於後四十八小時內或當有劇變也。」是可見二十八日日方之進攻我方，實為日政府之既定策。

二十七日日本總領事通知上海市長，謂次日下午六時，彼之要求當得一滿意之答覆，否則日本人將採取其所認為必要之手段，以實現其要求。而日驅逐艦十二艘（皋月，水無月，文月，長月，如月，曉月，彌生，夕月，三日月，菊月，望月，卯月）魚雷艦一艘，戰鬭飛機三架，又均於是日到滬。情勢至此，已萬分嚴重，爆發在即。政府為保全和平，及避免無謂之犧牲計，乃不惜違反國民之意志，含垢忍辱，下令取銷抗日會，其文云：『為令遵事：慨自吾國蒙難以來，本市人民，愛國心切，乃有各界抗日救國會之組織。不幸措施失當，責難紛來，而本市民衆團體，又復呈控到府，籲請救濟。本市長深思痛慮，不得不奮謀國之忠，毅然制止。爲此令仰該局，卽便遵照，會同社會局，迅將該會，卽予取銷，仍將辦理情形具報核辦。切切此令。』

廿八日上午七點半，日本海軍司令照會他國防守司令，謂中國方面如無滿意答覆，伊欲於次晨有所舉動。

同日下午二時，市政府答覆日領抗議，派由秘書長俞鴻鈞面携覆文，逕交日領署，其文云『，逕復者：案准一月二十日大函略開，日本僧侶天崎，水上信徒，後藤黑岩，藤村等五名，於本月十八日下午，在馬玉山路附近被毆傷，提出條件四項，請求接受等因，准此。查本案發生，殊屬不幸，本市長深表歉仄。當時據報後，以案歸傷害，法有明文，當卽嚴令公安局限期緝兇歸案法辦，所有被害人等醫藥及撫慰金，本市長亦可酌爲給予，以示體恤。至來函所提關於取締抗日運動一項，現查本市各界抗日救國委員會，有越軌違法行爲，業經令行主管局將該會取銷，以維法紀。關於類此之越軌違法行爲，本市長仍當本法治精神、令行取締，至其他各抗日團體，并已令局予以取銷。相應函達』，等語。是對於日本所要求之條件，已完全承認其要求，下午四時，日總領事告領事團，謂已接到覆文，並稱該覆文完全滿意。又稱，須看上海市長能否實行其所承認之事，但又謂所要求之事，大都已予實行，暫時不再取何舉動云云。

第二章 日軍無故侵滬與我抗戰經過

——一月二十八日至二月十三日——

自二十八日日軍違背信約向我閘北進攻以來，迭遭挫敗。至二月六日，日本新派司令鹽澤中將來滬，即變更戰略，萃其主力於猛攻吳淞。意欲先行佔領吳淞砲台，冀得自楊樹浦沿黃浦江至吳淞口外，均爲日軍之根據地，然後再以全力進攻閘北。亦迭遭挫敗。至十三日吳淞曹家橋之役，日幾全軍覆滅。本章所述，即至此役爲止。此後則日更派司令植田中將來滬，指揮軍事，詳情容再續編。

二十八日及二十九日

自日領致上海市政府限期於二十八日下午六時答覆以來，時局日益緊張。我方爲戒備起見，乃將寶山路車站旁之障礙物沙袋等，由軍隊搬堆路中，兩旁僅讓出車馬來往道，惟電網未曾安設，仍放在該處牆隅。至深晚有兵士數人，在所堆沙袋附近守望。再進至天通庵路江灣路處，亦有同樣佈置，其他各要隘，或派兵守衛，或堆置障礙物不一。虬江路北四川路接壤處，派有武裝兵士二排，砲台灣方面沿軍工路一帶，與江灣東外揚旗外，及眞茹站附近，均有防禦工程，晚間，派有兵士防守。太陽廟潭子灣等處，原有兵士駐守，惟戒備稍嚴。北車站秩序，由駐站憲兵及路警維持，各車照常開行，並無阻滯。惟淞滬車因深夜不便開入警戒區域，故僅開抵蘊草浜站。至人民方面，則儼若大禍臨頭，不可終日。南市閘北一帶居民，荷箱負籠，肩摩轂擊，道途爲之擁塞，恐怖之狀，無以復加。及市政府將覆牒於二十八日下午二時送交日領署後，因四項條件已全接受，日領口頭向市政府秘書長俞鴻鈞表示亦認爲滿意，人心稍定。同時警備司令部方面又接到南京來電，令將十九路軍後退閘北等處，防務改由新自南京開來之谷正倫部憲兵擔任。蔣光鼐蔡廷楷戴戟等接電後，即於晚間十時許召集全體軍官於龍華會議，席間多數軍官均極憤慨，願誓一死，旋以本埠形勢已轉緩和，雙方衝突，或可倖免，決遵令辦理。會議畢，三氏及各軍官紛赴閘北等處準備後退，時已十二時左右。詎正在此最危險之一剎那間，日兵竟開始向我進攻。其故意蔑棄信義，擴大軍事行動，冀圖威脅首都，至爲顯然。當時十九路軍與憲兵，雖已決定換防，因接警訊，臨時中止。一面派人尋找長官，回部隊指揮。蔣光鼐蔡廷楷等，聞訊卽趕赴龍華司令部與戴司令戟會商禦敵，決定正當防衞，通電全國。幷趕赴前線視察指揮。一時北四川路，天通菴北站一帶，均有激戰。至二十九日晨，敵始狼狽敗退。迨二十九晚六時許，敵軍又大舉來攻，我軍竭力抵抗，激戰至三十日晨，敵復敗退。茲將通電及我軍抗戰經過，市府抗議，分述如次：

十九路軍總指揮蔣光鼐軍長蔡廷楷淞滬警備司令戴戟通電

暴日佔我東三省版圖變色，國族垂亡。最近更在上海殺人放火，浪人四出，世界卑劣兇暴之舉動，無所不至。而砲艦紛來，陸戰隊全數登岸，竟於二十八夜十二時，在上海閘北，公然侵我防線，向我挑釁。光鼐等分屬軍人，惟知正當防衞。捍患守土，是其天職。尺地寸草，不能放棄。爲救國保種抵抗，雖犧牲至一卒一彈，絕不退縮，以喪失中華民國軍人之人格。此心此志，可質天日而昭世界。炎黃祖宗，在天之靈，實式憑之

。十九路總指揮蔣光鼐，十九路軍軍長蔡廷楷，淞滬警備司令戴戟叩艷。（一月二十九日）

一月二十八二十九兩日戰況

二十八二十九兩日，我軍抗戰經過，有十九路軍蔡軍長廷楷，及七十八師第六團第二營營長吳康鑑發表談話，敘說甚詳，玆分記如次：

蔡軍長之談話　三十日第十九路軍軍長蔡廷楷發表談話云：「此次我軍在閘北抵抗日本陸戰隊，完全爲正當的自衛行動。當二十八日下午，日本領事，向市政府所要求之條件，已經市政府完全答覆接受。詎至晚間十一，時日本海軍陸戰隊司令突然提出哀的美敦書，要求我軍立刻退出閘北，否則卽取斷然行動。此項哀的美敦書到達我方，不滿一小時之時間，日本陸戰隊，卽由北四川路方面侵入華界向我軍防線攻擊。際此情形之下，我軍爲保守國土爲民族生存，盡軍人之天責，爭軍人之人格計，不能不作正當之防衞。抵抗至二十九日下午，已將日軍完全擊囘租界，我軍全線均在閘北華界，未曾跟蹤追擊。此役我軍奪獲敵軍鐵甲砲車四輛，擊落飛機三架，敵軍死傷甚衆，我軍死傷約二百餘人。至二十九日下午，我方應日本領事之要求，於晚間八時停戰，但日本陸戰隊及便衣隊仍舊依據租界繼續向我軍防線攻擊。此種失信之舉，我軍認爲殊屬不正。在憤激之餘，我軍祇得繼續迎擊。蓋租界以內，原爲中立區域，而現在日軍，仍利用租界作軍事行動，在租界當局，應有適當之制止，方稱公正。否則我軍在軍事必要上，不能不取正當之防衛。

吳營長談作戰經過　十九路軍七十八師第六團第一營營長吳康鑑氏，談關於此次作戰之實在情形云。我軍此次與日軍作戰，爲數不過三營兵力，而防線自北車站迤北至江灣路止，防線甚長。日軍以爲决無抵抗能力，故於二十八晚間十一時半，發動大隊陸戰隊及便衣隊，用鐵甲砲車掩護，分四路向我軍防線進攻：第一路在北火車站，第二路在虬江路，第三路在橫浜橋天通庵，第四路在靑雲路及鴻濟路，每路均有鐵甲車三四架不等，陸戰隊及便衣隊約三四百之譜。二十八晚攻我第二營之防線者，係由鴻濟路向靑雲路進攻，時約在十一點二刻，該處東首有警察大隊防守。我營得悉日軍已向我進攻，並聞東首警察大隊已與抵抗，乃立卽開上天通庵路嚴家閣路青雲路一帶之防線援助。適值我軍開到小河南岸時，敵人已大舉向青雲路攻來，我軍立卽散開應戰。敵人陣勢，以鐵甲車當前，射發機關槍，便衣隊在甲車左右，陸戰隊緊隨甲車之後。當我軍還擊時，便衣隊卽分登兩旁民房樓上向我方攻擊。當時敵人鐵甲車竟被衝過木橋，到達青雲路南岸，我軍亦卽登樓用手溜彈擲擊，敵始不支，退走橋北。當敵人退走時，我軍用機關槍掃射，擊斃敵軍一百餘名，並將木橋燒斷。此後彼此卽隔岸作戰，直至二十九日早晨七時許，敵始狼狽敗退。迨二十九晚六時許，敵軍又大舉來攻，我軍竭力抵抗，激戰至三十日早晨六時許敵軍又復退去。自三十日以後，敵軍屢來偷襲，但人數不過三五人或七八人不等，又時或在民房內亂放數槍，一經我軍還擊，彼卽逃去。日軍在二十八二十九兩晚衝鋒兩次，激戰兩夜，均被我軍擊退。此役敵軍死傷約四五百人，我方士兵傷亡六七十名，並陣亡排長蔣金一員，受傷排長郭蔡一員。敵軍亡兵，均用運貨汽車收去。當其前來收運期，必用鐵甲車先行示威，然後將亡兵運去。又云此次日軍分四路來攻，我軍隨時應付防禦，總計日軍之死傷，當在一千數百人，我軍死傷總計約二百之譜。又我軍士氣甚壯，無論日軍如何强悍，决難奪得我軍陣陣線一步。

我方抗議　自日軍背棄信約，向閘北進攻後，我軍一面積極抵抗，正當防衛。一面則由市府向日領提出嚴重抗議，並函各國總領事申明此事件之責任。玆將原文錄後：

致日領抗議書　逕啓者：查關於本市最近中日交涉，本市長爲求和平解决計，對於貴總領事所提條件四項，業經接受，並於今日（廿八日）下午一時四十五分函復送達在案，當時貴總領事並經表示滿意。詎料今晚十一時廿五分，市公安局接到貴總領事館信封一件，內附日本第一遣外艦隊司令官致本市長及市公安局長公告各一件。略稱，帝國海軍，鑒於多數邦人住居閘北一帶，爲維持治安計，欲以兵力配備該處，以負保安之責。本司令希望中國方面應將閘北方面所有中國軍隊及其敵對設施，從速撤退等語。即晚十二時，市公安局接到閘北報告，日本海軍陸戰隊，在該處開始自由軍事行動，向華界進攻。查貴總領事對於本市長之答復，既經認爲滿意，而貴國海軍，突然此軍事行動，殊堪詫異。所有破壞和平及本市安寧所發生之一切責任，應由貴方負之。本市長相應提出嚴重抗議，即煩査照，轉致貴國海軍方面，迅予停止軍事行動，以免事態再行擴大，並希見復爲荷。此致日本國駐箚上海總領事村井倉松。

致各國駐滬總領函　逕啓者：査關於最近中日交涉事件，本市長爲求和平解决，以保本市安寧計，業經完全接受日本總領事所提條件四項，並於今日下午一時四十五分函復，日本總領事，並已表示滿意。詎料今日（二十八日）晚十一時廿五分，市公安局接到日本總領事信一封一件，內附日第一遣外艦隊司令官致本市長及公安局長公告各一件。略稱帝國海軍鑒於多數邦人，住居閘北一帶，爲維持治安計，欲以兵力配備該處，以負保安之責。本司令希望中國方面，應將閘北方面，所有中國軍隊及其敵對設施從速撤退等語。旋於卽晚十二時，市公安局接到閘北報告日本海軍陸戰隊，在該處關於自由軍事行動，向華界進攻。査日本，總領事既經對本市長答復表示滿意，而日本海軍方面，突有此種軍事行動，殊堪詫異。所有破壞和平妨碍本市安寧之一切責任，當由日方負之。

除向日本總領事提出嚴重抗議外，相應函達，即煩查照，主持公道，實切公誼。此致英國美國駐箚上海總領事暨各國總領事。

一月三十日

上午八時十五分，日陸戰隊約二百餘名，各兩路向我軍陣地襲擊，一部在河南路花旗營盤短垣西角沙袋堆旁，一部由吳淞路朝東，向我軍防地猛攻，衝鋒數次，均經我軍迎頭痛擊，日軍傷亡枕籍。相持至正午十一時十分，日軍不支，紛紛向原來兩處敗退，一由河南路退至北河南路鐵高路菜場，一由吳淞路退抵沈家灣虹口菜場。我軍見日軍潰退，仍然緊守陣地，並未追擊，此後槍聲遂歸沉寂。至下午一時許，又有日軍二十餘人，潛至河南路沙袋處，向北面頻頻襲擊，我軍亦報以十餘槍，約一刻鐘始止。自下午四時以後，雙方已入於休戰狀態，間有前線步哨之衝突而已。

一月三十一日至二月二日

——英美調解與日軍違約——

自日軍兩次進攻敗績後，英美司令官爲調解中日兩軍之戰爭起見，乃於三十一日，特邀集中日軍事當局，協商停戰辦法，雖無具體結果，但經彼此約定雙方停戰三日，在此停戰期間，雙方均須停止攻擊，俾日領請示政府，俟得回訓後，再行協商。據七十八師區師長壽年談此次調解經過云：「自日軍希圖佔據閘北，我軍死力抵抗，日軍大敗後，英美兩國領事，爲避免戰禍起見，特約中日雙方，從事調解。我們以戰爭本非得已，英美既出調解，當然表示贊成。故日前曾一度調解，由雙方各先停戰。何如日軍竟違背信約，仍不息發槍進攻。英美兩領事爲免戰事擴大起見，故再約中日雙方，於昨日（三十一日）在英領官舍，進行調解，到英美法意各國領事英美防軍司令，日方監澤司令村井總領事，我方除吳市長外，蔡軍長派余出席。余在會議席間，當將日方違背信約，加以嚴重之質問，并提出要求日軍首先撤至租界線以內，限三時內答覆。日方對於挑戰情事，尙飾詞狡辯，至撤退軍隊至租界線內，則謂須於二星期內請示政府。當時調解，一時頓形破裂。乃由英美兩國領事，提出折衷辦法，以三日為期，限日領向政府請示撤軍意見，在此三天內雙方均停戰，不得發槍進攻，當經中日雙方同意而散，此余參加調解之經過情形也。至賠償道歉等事，以不屬軍事範圍，故另由政府提出交涉。英美兩國既如此調解，吾們自當尊重信約，但日方狡詭百出，不免另有企圖，我軍為防日方緩兵之計起見，已有相當之準備，以便隨時應付萬一也。」而我方軍事當局，為尊重雙方信約起見，當日即下令前線防軍，停止攻擊。但三日以來，日軍並不守信，在北四川路西北各處，頻頻以機關槍，來福槍，向我軍防線攻擊。我軍雖憤恨日方之無理，但有長官之命令，始終未曾還擊。二日下午一時許，日軍又派軍用飛機兩架，飛往閘北眞茹一帶，視察後投擲彈炸彈多枚，意圖轟炸我軍防線。惟據我軍事機關所得報告，所擲炸彈，多數均在青雲路以西，故損失甚微。迨至三時許，日軍陸戰隊，在天通菴車站方面，用十二生的大砲兩尊，突向閘北我軍防線轟擊。我方以日軍不守信約，一再向我進攻，飛機投擲炸彈以外，竟用大砲轟擊，實屬忍無可忍，故立時全線士兵，奮起迎擊。故二日下午，自三時起至五時止，砲聲隆隆不絕於耳，同時機關槍及迫擊砲聲，亦歷歷可聞。當激戰最烈時，在租界方面，如北山西路北河南路，北浙江路，靠近北站一帶，槍砲之聲，尤爲清晰。因此住在蘇州河以北之居民，大起恐慌，紛紛向南逃避。一時河南路橋，盆湯弄，垃圾橋，泥城橋等處，避難羣衆，擁擠不堪，人心惶惶，有不可終日之勢。又據另一報告，當日軍用大砲向我攻擊時，虬江路大德里及老靶子路福生路方面，同時用機關槍向我軍射擊。故二日下午三時起，沿淞滬鐵路，自北站方面迄北至天通菴車站爲止，全線均有戰爭，截至晚間十時槍聲仍未停止，我軍仍在原有防線上抵抗，並無變動。茲將市府通告各國領事，暨向日領抗議原文分錄如次：

通告各國領事　逕啓者，查關於日本海軍侵攻閘北一節，前經函達貴總領事在案。旋經英美總領事爲維持和平避免戰禍起見，邀中日兩方當局，及各國防軍司令，於一月三十一日，在英總領事官舍會議。當經英國防軍司令建議，避免兩軍衝突辦法，並約定由日總領事請示日本政府，以三日爲期，如日本政府不能同意，再由本府請示本國政府，在此請示期內，仍各不相侵。以上各節，均有記錄可稽。乃自該日會議後，日軍屢向我本國軍隊襲擊。迨至今日下午二時五十分，本府忽接到日本總領事署電話通知，謂日本政府對於上述建議辦法，不能同意等語，殊爲詫異。且在本府未接到日總領事署通知前一小時，日軍已向我方駐在閘北之軍隊復行攻擊，且用飛機任意轟炸該處。查日方既違背信約，且不顧上海市內我國人民與各國僑民生命財產之安全，重行開釁，所有一切責任，當全由日本政府負之。除向日本總領事提出抗議外，相應聲明，並函達貴總領事，請煩查照，主持公道爲荷。此致英國美國駐劄上海總領事暨各國總領事。

向日領提抗議　逕啓者：查關於貴國海軍侵攻閘北一節，前經向貴總領事提出抗議在案。旋經英總領事暨美總領事，爲維持和平避免戰禍起見，邀集貴我兩方當局，及各國防軍司令，於一月三十一日在英總領事官舍會議。當經英國防軍司令建議，避免兩軍衝突辦法，並約定由貴總領事，請示貴國政府，以三日爲期，如貴國政府，不能同意，再由本府請示我國政府，在此請示期內，仍各不相侵。以上各節，均有紀錄可稽。乃自該日會議後，貴國軍隊，屢向我本國軍隊襲擊。迨至今日下午二時五十分，本府忽接到貴總領事署電話通知，謂貴國政府，對於上述建議辦法，不能同意等語，殊爲詫異。且在本府未接到貴總領事署通知前一小時，貴國軍隊，已向我方駐在閘北之軍隊復行攻擊，且用飛機任意炸轟該處。查貴國既違背信約，且不顧上海市內我國人民與各國僑民生命財產之安全，重行開釁，所有一切責任，當全由貴國政府負之。除函達英總領事，美總領事，暨各國領事聲明外，相應提出抗議，請煩查照爲荷。此致日本國駐箚上海總領事村井倉松。

二月三日

日本自對我閘北進攻以來，其海軍省所調來之軍艦，先後進口，停泊在黃浦江內者，共有二十一艘。自二十九三十兩天，爲我軍自衞作戰，將日本軍隊擊敗，並擊落飛機多架，日兵死亡累累，尸體已分批上艦將運歸本國。該國海軍省，以連連接到日兵敗訊，急由佐世保調巡洋艦龍田號，率領第二十六隊驅逐艦四隻，並在橫須賀抽調該國最精銳之特別陸戰隊三千名，又有大宗軍火等，由龍田艦載運，急速開滬。三十日下午四時各艦已經進口，當在黃浦碼頭外之海關河筒拋停。又調特別陸戰隊七千名，由第三戰隊之巡洋艦由良那阿，及阿威隈等載來，於三十一日與水雷艦四艘同於下午四時半到滬，當即入浦江仍泊楊樹浦江面，陸戰隊亦上岸。與昨日之三千名補充至前線，為對我軍再度進攻之基本隊伍。至英美調解未成，日軍違約向我進攻後，日本軍艦，更於本日上午會同陸戰隊及飛機隊，向吳淞砲臺及閘北防線兩路開砲轟擊，我軍奮起應戰，相持數小時，共開百餘砲，結果，敵軍不支，先後敗退，我軍大獲勝利，擊沉敵軍驅逐艦一艘，擊傷戰艦三艦，擊落飛機一隻，我方損失極微。茲將吳淞及閘北方面戰況，分記如下：

吳淞方面　上午十時許，吳淞口外海面，先來日本軍艦一艘，另有戰艦數艘，尾隨於後。將近我方砲台時，該艦卽發四次回聲氣笛，我方砲台不理。該艦卽開砲向我砲台轟擊，我為自衛計，遂下令全台士兵，開砲還擊。互戰至十二時許，敵軍之驅逐艦一艘，被我砲彈擊中烟鹵及汽鍋等處，艦身遂向左右傾動，勢將翻倒。其餘戰艦，卽駛近該艦左右撑持，仍集中火力，向我轟擊。我軍亦對準目標，猛力還攻。戰至十二時許，該驅逐艦，遂被我軍擊沉，並擊傷戰艦三艘，中有一艦，受傷甚重，當時亦將沉沒，被其餘戰艦拖走，各艦亦遂不支，向外逃去，至約八十餘海哩之海面停泊。敵艦敗退後，砲聲卽停，但移時，忽有敵軍飛機十二架，飛至我軍砲台天空，投擲重量炸彈三十餘枚。駐防砲台附近之十九路軍砲隊，卽用高射砲三十餘尊，及小鋼砲，迫擊砲，機關槍，猛力射擊，當被我軍擊落飛機一架，落至寶山城外，敵機遂不敢飛翔，紛向東面逃去。此後，敵艦共開百餘砲，我方略有損失。是役，當開火時，駐淞十九路軍，亦卽在沿江一帶助戰，士氣極爲振奮。淞寶居民，紛紛向鄉間避難，當時秩序，頗爲紊亂。

閘北方面　上午七時左右，虹口一帶日兵，又向我軍各陣地實施攻擊，我軍爲自衛計，當予還擊。同時日兵又用飛機九架在空中助戰，並在閘北拋擲炸彈，經我軍用高射砲轟擊，敵未得逞。嗣悉日兵方面，曾下總攻擊令，故於今晨黎明後，卽分向我軍各防線進攻，一時槍聲砲聲並起，至爲劇烈，以天通菴路爲最烈。我軍立以機關槍迫擊砲掃射，故日兵始終未得越雷池一步。次為虬江路口，此處因我軍防禦工程，異常堅固，故日兵雖用砲轟擊，被我軍還砲擊退。再次為寶山路中興路，及福生路兩處，日兵曾數次衝鋒，終以我方奮勇抵禦，彈如密雨，乃不支而退。至下午二時五十分左右，日飛機以我軍砲火猛烈，無隙可乘，乃首先退去，未幾槍砲聲亦漸息，我軍陣線一無更動。當閘北方面正在劇戰時，有日飛機兩架，曾向眞茹方面飛去，中途被麥根路我軍用砲擊回，所投炸彈，亦未爆發。此次日兵在閘北一帶向我軍陣地進攻時，據自該處逃出之苦力言，日兵係取散兵線，約十餘人一隊，窺其用意，擬取包抄勢，曾有中我伏兵，故傷亡甚重，我軍方面，亦有損傷，自下午三時起至晚間八時止，未有接觸。

二月四日

日海空軍三日猛攻吳淞砲台失敗，被我砲台擊沉日驅逐艦一艘，擊傷戰艦三艘，擊落飛機一架，本日日海軍司令部復派大批軍艦圍攻吳淞砲台，自晨九時起迄下午五時始止，我軍應戰極力，日艦二艘受傷，始終未能越雷池一步。又閘北方面日兵於三日下午總攻擊後，當日首先一仗，卽被我軍予以重創，乃日兵尙不甘服，遽於昨日繼續大舉分三路進攻，幸賴我軍奮勇抵抗，卒將日兵擊敗，並同時奪獲戰利品等。茲將吳淞閘北方面戰况分記如次。

吳淞方面　上午九時許，復有敵艦十三艘，圍攻砲台，要塞司令當卽督率官兵，發砲還擊，雙方互轟，頗爲劇烈。直至十一時許，敵艦二艘被我浦東龍王廟砲台夾攻，擊傷甚重，失去戰鬬力，遂與未受傷之餘艦，同時退出砲台火線之外。及至正午零時三十分，敵艦復大舉來攻，砲火較前更爲猛烈，幷有敵海軍陸戰隊分頭在寶山城北，及砲台灣車站前洋碼頭，由敵艦砲火掩護登岸，希圖截擊砲台陸正面，經要塞守備兵會同十九路軍，將敵擊退。同時吳淞張華浜對江老鼠沙光華火油棧，被敵兵登岸，縱火擾亂後方。下午二時許，復有敵艦五艘，及敵機八九架，駛至淞口，加入作戰，一時砲台方面，砲聲連續不斷，聲震天地，敵兵又分數處海岸登陸，先後均被擊退，至五時許始行休戰。又據報告晨九時起，日艦十三艘大舉攻我砲台，我軍奮勇還擊。雙方互戰約數小時後，我砲台忽然靜默，日艦繼續開砲，我方均無應聲。日急派偵察機飛至砲台附近窺視，亦以爲我軍全部退却，砲台燬壞。遂以無線電報告，於是日艦陸戰隊紛紛登陸，迫逼近我砲台時，我方伏兵盡起，開砲痛擊，並以機關槍掃射，日陸戰隊千餘人盡被殲滅，無一生還。

閘北方面　福生路係接近老靶子路，日兵自從北河南路口撤退後，卽集中在該處，以儉德儲蓄會爲根據地，曾屢次由新民路向寶山路襲擊。今晨五時許，該處日兵，首向寶山路口進攻，當爲防守北車站路我軍抵住，雙方卽在該處交戰。未幾日兵見無發展，乃卽用機關槍向我方掃射，我方亦卽還擊。同時有日兵踞登該處高牆上用鋼砲向下猛攻，因此北站左右，彈如雨下，血肉橫飛。約相戰四小時，我軍在猛抗之下，卒將日兵挫敗，乃乘勝追擊，至虬江路與我軍中路綫會合，守住原防，日兵沿北四川路南段敗退。此役日兵死傷者約百餘人，界路上亦有日軍陳屍。

日兵於進攻寶山路後，一面卽分兵向塘山路衝入東寶興路，其勢異常猛烈，但我軍早有準備，卽奮勇抵抗，日兵曾爲少挫。未幾日兵續有大隊來攻，先用大砲掩護，繼以迫擊砲，機關槍，小鋼砲，步槍，作猛烈之攻射，我軍迎頭痛擊，相持約六小時。我中路軍抽派勁旅，沿淞滬線超越至日兵後路夾擊，日兵始漸不支。正擬向後退却，奈後路阻塞，乃被我軍包圍，日兵屢次奪圍，終未得逞。後得援軍之助，乃始解圍，然生還者無幾。此處我方截獲日兵大砲七門，機槍十七架，槍彈無數，日兵傷亡者約三百餘人，我軍亦受輕傷。總計日軍今日終日共發四百餘砲。

日兵進攻各路中最猛烈者，厥爲江灣路及青雲路，以此路日兵司令部適在該處，而又當虹口咽喉，故日兵出全力以搏。而我軍以此路實繫中右兩路陣線，亦極力抵抗。於是此處，乃成兩方戰爭焦點，相搏之烈，爲日軍向我開釁後之第一次。沿淞滬線天通庵路日兵，曾有十餘次在大砲掩護之下，向我軍防線作至猛之衝鋒。我軍出壘抵抗，甚至肉搏，迫擊砲機關槍，幾失效用。日軍後方，乃在虹口花園及六三花園，用大砲向我軍後方陣地射擊，冀圖擾亂。我軍亦卽用砲向日軍各砲位及該司令部轟擊，均能中的，日司令部內及附近，曾中彈十餘次，惟惜未爆發耳。在午後一時許，停在北站車場內之我軍鐵甲車一列，亦奉命前調助戰。該車卽衝至淞滬線，在寶山路站東發砲，當將六三花園轟毀，殲滅日兵百餘人。當時前線日兵傷亡已將過半，又見後方援助隊伍發生劇變，乃節節敗退，我軍卽在該處守住，並分兵至六三花園一帶追擊潰兵。我義勇軍一部，已推進至嘉興路，一部已佔領狄思威路一帶。此方日兵死亡達五百餘人，我軍亦受創傷。義勇軍方面，陣亡排長郭成標一名，傷士兵邱一峯，楊林孚，二名，當由紅十字會救護車送入醫院。

歐美軍人贊我軍　據某西人談，略謂此次日軍向華軍挑戰，日方早出驕矜誇大之詞，曾謂華軍不值一擊，日軍於數小時內卽可佔領上海全埠。不料事出意外，日軍運戰皆北。日當局更憤愧欲死，於是惱羞成怒，遂不惜孤注一擲。竟於昨日（三日）竭海陸空全軍之力，向吳淞砲台及閘北方面大舉進攻，但效力更等於零，且全軍大受重創，日艦一沉四傷。此種消息傳出後，不獨華人聞之悲喜交集，卽外人方面，亦同時感到愉快。於是留滬歐美各軍事家，乃組織一戰地觀察團，紛往前線陣地觀察。昨午觀抵江灣路，適該處戰事正烈，日軍以大批野砲及機槍向華軍防線猛攻，華軍初僅回砲還擊，既見日軍發砲勢若聯珠，我軍防禦物被燬數處。此時華軍非獨不退，反一聲喊殺，面迎如雨之砲彈方面，衝鋒而出，前仆後繼，勢如潮湧。結果，日軍大亂，紛紛丟槍棄砲而逃。是役華軍共奪得機槍十七挺，野砲七門，步槍子彈無數，然所受犧牲亦鉅。惟當華軍衝鋒時，不獨日軍望風披靡，旁觀者亦且驚心咋舌，悉認為此種犧牲精神，即歐洲大戰中亦所罕見也。

二月五日

日海陸空軍兩次總攻失敗後，五日吳淞砲台方面已入於休戰狀態，日艦均遠遁於三夾水外，僅日飛機曾二度前往吳淞擲彈，損害尚輕。閘北方面昨日戰事仍極激烈，日軍側重於攻擊我軍之中路，我軍奮勇應戰結果，在天通庵路福生路等處奪獲敵鐵甲車三輛，機關槍四架。寶山路寶興路等處，我軍反攻得手，有新進展。我空軍兩大隊，昨晨抵滬，即在眞茹與日飛機空中作戰，擊落敵機一架，日機師三人均遭焚斃。南市大通碼頭，昨晚九時，發現日便衣隊四十餘名，由附近日軍艦開機關槍掩護，企圖登岸襲擊，當由我警察隊奮力擊退。茲將眞茹閘北方面戰况分誌如次。

眞茹方面　日飛機連日在閘北眞茹等處擲彈，燬屋傷人，慘無人道。今晨十時，日飛機九架，復飛翔天空，在閘北到處擲彈。旋飛經眞茹，圖炸無線電台，在眞茹車站旁，及暨南大學，擲下炸彈數枚，損害尚輕。當時我空軍趕到，遂在空中作戰，而我軍高射砲亦同時發彈，即於十一時三十分，擊落日飛機一架，兩架受傷，仍勉强作飛，墜落於南翔附近。餘機被我空軍追逐，疾飛逃去。茲將詳情，誌之於后。

晨十一時，日飛機九架，在閘北擲彈後，即飛向眞茹，圖炸國際無線電台我軍即發高射砲及機關槍步槍射擊。一時炸彈槍砲聲並作，激戰至爲劇烈。當時我空軍六七兩隊聞警，亦趕到眞茹，與日機在天空作戰。我軍自始即佔優勢，時時居高臨下，以機關槍射擊。而高射砲瞄準復極準確，上下夾攻，日機漸覺不支。十一時三十分，日機一架，首被高射砲彈所中，機身着火，儲藏之炸彈爆裂，未幾卽墜地粉碎，其餘兩架，亦被擊中，受傷後向南翔方面飛遁，旋卽降落。據目睹者云，遁去之二日機，機尾已發青烟，一架墜地後卽不起，另一架仍飛逃逸，究竟如何，尙待證實。至其餘六架日機，狼狽遁走，我空軍追逐甚急，在虹橋道上，復有激戰，至下午一時許，我空軍始全勝言旋。

閘北方面　今日爲日兵下令總攻擊後之第三日，因四日日軍受我軍巨創，亟謀恢復，故今日日兵方面，陸戰隊與陸軍全部動員，分向我軍各陣地進攻，我軍早已嚴陣以待，沉着應戰，發槍準確，且非待日軍衝入槍砲有效地點，槪不發槍，因此我軍均彈無虛發。日兵則槍砲亂發，一無戰鬥經驗，徒致損兵折將，而尙欲屢屢派援，亦惟平添無數異鄉鬼魂而已。自今晨五時至下午五時，亘十二小時有餘，日兵仍利用大砲飛機掩護，猛向我軍防地衝鋒，前後二十餘次，共發六百餘砲，均爲我軍擊退，始終未得進展寸土，反爲我軍右翼包圍，奪獲日軍鐵甲車三輛，一輛當場炸毀，幷獲機關槍四架。茲將我軍分三路殲敵情形，分誌於次：

邢家橋虬江路　日兵前日在東寶興路曾被我軍一度包圍後，故今日改變方向，出重兵以攻。自晨五時起，日兵卽由奥迪安影戲院旁川弓路向邢家橋路偷襲。此處均係居民住宅，因我軍利於巷戰，日兵乃用大砲轟炸該處房屋，同時用機關槍，迫擊砲，步槍，向我軍猛射衝鋒，我軍亦奮勇還擊，故日兵死亡相繼。我軍持戰約一小時，卽漸向後詐敗，日兵以爲敗退，乃一擁而上，衝過廣東街。先前預伏在廣東街之我軍，卽由兩旁衝出，將日兵全部包圍，一時彈如雨下，日兵戰鬥力全失，屍橫枕藉，所有機槍四架，當被我軍截獲。同時北四川路形勢頓見緊張，日兵在北四川路以東一帶陣線，有被壓迫搖動之勢，惟我軍爲自衛而抵抗，故不予追擊，仍守原防。

天通庵江灣路　該處日兵戰線甚長，一在青雲路，一在天通庵路一沿淞滬路。總出發點在天通庵站。日兵主動力仍依砲隊及飛機鐵甲車，於晨八時許，向各路猛衝，而又以鄰近天通庵路寶興路處爲最烈。我軍鄧旅劉光營，向日兵防線進出者數次，當日兵幾乎全部敗退時，日機在空中向我軍拋擲炸彈三次，均未轟炸。同時又用鐵甲車三輛，進攻我軍陣線，我軍中部士兵卽向後移動，放其深入，待接近時，卽拋擲手溜彈，並移動左右兩部，包抄其後，機關槍迫擊砲同時俱發，因此擊獲日兵鐵甲車二輛，被逃回一輛。我軍卽時反攻，同時在青雲路八字橋譚家弄北，日兵五六百名亦失利，被我軍包圍，我軍死傷二十餘人，日兵死亡甚衆，我方最前線，已進展至天通庵站左近。

福生路新民路　至十時許，日兵以兩處失利，乃調重兵側擊福生路新民路，及沿淞滬線北一帶，仍憑臨高射下，用迫擊砲及鐵甲車二輛，由新民路猛向北車站進衝。我軍一在淞滬路寶山路車站及虬江路抵住日兵，並用鋼砲，迫擊砲，機關槍轟擊掃射，一在寶山路北火車站路口新民路作戰。我軍士兵均用手溜彈，步槍，機關槍還擊，我後方砲隊，亦用大砲掩護我軍進展，日兵被我壓迫約一小時左右，卽漸不支後退，鐵甲車二輛，尙圖衝散我軍陣線，當被我軍以炸彈將該車炸燬一輛，被逃逸一輛，斃敵五十餘名，我軍受傷三人，我軍陣線，已逼近北四川路。至午後二時後，日兵已無攻意，祇日兵砲隊發砲轟擊閘北一帶，圖燬民房，自晨至晚，計發六百餘砲。

二月六日

日軍今日在其各根據地，以機槍步槍，進攻我軍陣地，間以大砲轟擊，入晚較烈，均經我軍擊退。日本飛機數架，時向閘北等處擲彈，經我空軍，駕起飛機六架，由閘北追至眞茹，卒將敵機一架擊落，餘均驚遁。吳淞亦被敵機襲擊，爲我軍開高射砲擊退，砲台無恙。茲將閘北眞茹吳淞各方情形分誌如後：

閘北方面　今日閘北方面，雙方均入於休戰狀態，並無大接觸，間有砲聲，發自日軍方面，亦惟愼防我軍進襲，藉以示威，及希圖轟炸民房而已。晨三時許，曾一度小接觸，係在福生路新民路等處，當爲我軍用機關槍擊退，約十餘分鐘卽停。至四時二十分，機關槍聲又起，仍在虬江路口一帶，間以大砲聲迫擊砲聲，相戰至五時許，逐漸稀少，均係前線步哨接觸。嗣後時作時息，雙方在防禦工程內還擊，均無進展。至十時許，我軍飛機大隊，有飛機六架飛起，在閘北境內環繞偵察，約一小時，卽飛往眞茹，追擊日機。午後一時許，日兵在老靶子路，福生路處，有大集合，我軍早已得悉，且久有重兵駐在，故日兵始終未敢進犯。至下午三時半左右，日飛機有九架，在閘北一帶盤旋，希圖擲彈，但當其降落時，我軍卽用迫擊砲高射砲轟擊，故始終未爲所逞，擲彈三十餘枚，均未爆炸。日兵乃改用大砲遠射，經我軍還擊，因此砲聲又起，各防線步兵，亦用機關槍步槍射擊，至六時後漸息。惟午後一時左右，日兵有一部約三四百人，竄入宋公園路及青雲路間之山陽路，向我軍襲擊，經該處我軍，向後包抄，日兵幾乎全部被圍，死傷達二百餘人，僅得退出，而逃生者無幾。嗣後卽無重大接觸，各守原防線。據悉，日兵似在待援，以連日損失已達二千餘人，不欲過度犧牲也。至晚十一時十五分，北四川路狄思威路有大激戰，先以步槍繼以盒子砲，未幾迫擊砲，鋼砲，機關槍，幷發，愈戰愈趨激烈，槍砲聲密如連珠。同時日兵方面，在虹口花園，用野砲向該戰區轟擊，計發五十餘砲，我方亦用重砲還擊，聲驚全埠，砲彈過處，火光隨之。至七日清晨零點三十五分左右，槍砲聲漸疏，野砲已停止轟擊，惟斷續搶聲，仍時作時歇。

眞茹方面　上午十時餘，有敵軍飛機十餘架，飛至吳淞閘北眞茹一帶投擲炸彈。我方空軍，亦卽時飛起六架應戰。約一小時半，敵機卽被我軍擊落一架，墮於眞茹車站南首空地。內有駕駛員日人兩名，白俄一名，登時身死，機身亦卽粉碎。其餘敵機，見勢不佳，卽紛紛向東面飛遁，我空軍亦卽尾隨追擊，追至吳淞方面，始行飛回。

。吳淞方面　吳淞仍無戰事發生，上午十一時三十分許，有敵機三架，自滬飛淞，至要塞南北砲台上空偵察，並擲下炸彈八枚，三彈落於要塞前面海中，餘彈分墜要塞陸正面附近田間，均爆發，但砲台未受絲毫損害，卽附近一帶，亦無若何損失，旋經砲台開放高射砲，敵機始行逃走。至下午二時許，續有敵機三架，飛至砲台方面，未擲彈卽行他去。現砲台前面海中，泊有英美軍艦各一艘，吳淞口外，雖仍有敵艦踪跡，但爲英美軍艦所阻，故並未攻擊砲台。

敵人稱華軍善戰　上海泰晤士報云，日飛機以炸彈接續轟擊華兵陣線，華兵或無自衞之方，且其地位殊難回答日兵野戰與山砲之砲火，然華兵士氣仍壯，其勇武精神，毫未搖動，此卽日水兵亦承認者。昨夜（六日）日陸戰隊某軍官曾曰，華兵之抵抗力，非常强硬，猛烈之砲火，加於彼等，彼等屹然不動。當其陣線爲砲火所毁時，彼等卽以持來福槍兵士伏於闕口，準備抵抗日兵之進攻，故日兵終不能前進云。又據另一方面消息，守衞閘北陣線華兵，士氣極壯，雖屢受砲轟，陣線屢破，然彼等輒由闕口衝出，以抵抗衝鋒之日兵，輔助機關槍，大呼肉搏。華兵經數日之苦戰後，昨夜其實力已能在日兵陣線前鋒數地點，作强力之步兵攻勢，日兵爲免犧牲過巨計，已退回淞滬鐵路東面之舊陣線。

大阪每日新聞六日載戰事消息云，敵（指我軍下同）之野砲隊之射擊，意外正確，（照日文直譯）我（指日軍下同）陸戰隊本部，數日來中敵方砲彈十餘發，而我軍因不慣於巷戰，遂遭極大的犧牲。且敵嘗以機關槍向我軍裝甲車之前衝鋒，我若亂射，則敵軍沉默，而我軍以爲可放心前進，敵乃乘機衝出，又中其計。此種奇妙戰術，不敵戰法，我軍嘗出大部分之死傷者。（均照日文直譯。由此足徵敵膽已寒直供不諱。又查此次戰爭日軍中之死傷者如水雷長航海長隊長艦長等不下四五十人，而我方下級軍官受傷者不過一二八。）又時事新聞云，最可驚者，我陸戰隊本部指揮官室內屋頂，突然落下敵之八珊砲彈，僥幸萬分，彈竟不炸，否則，我陸戰隊首腦部長官，必遭全滅，此亦天佑我軍，然而各長官，已驚駭失色，呆若木雞矣。又六日大陸每日新聞載上海岡田特派員報告云，我軍（指日軍下同）在上海互於全線之苦戰，而蔡廷楷軍爲中國之鐵軍，其兵之强可知，故我軍戰況，絲毫不能進展，日下租界刻刻危險，照規在之情勢，徒然遷延時日，增加我軍之犧牲者云，東京報知新聞接長春池田特派員電云，日軍長谷部旅團長，於一日晚在雙城堡驛內東華俱樂部席上，報告戰爭之感想，其冒頭卽稱「中國兵實不可侮」。繼謂余（指長谷下同）此次戰爭中，頗有極深刻的感想，而爲我國人（日本）所意料不及者，中國兵之作戰，實不懦弱是也。（照日文直譯）當余目擊濟南戰爭時，敵竟跳越屍身衝進我陣地。此次雙城堡之激戰，敵（我軍）又向我軍（日軍）夜襲。且敵不畏砲火，積極的向我（日軍）出攻勢，其勇猛實不可當。當時我軍（日軍）部隊不多，乃將兵站部衛生部以及附屬於其他旅團之部隊，集中車站，原爲縮短戰線。而敵軍竟不顧生命，在砲彈如雨中，蜂擁而來，使我軍（日軍）氣爲之餒云。

大批日軍到滬　今日有日兵一千五百名由日本開抵本埠，由新派司令野村中將率領，在楊樹浦登岸，隨卽補充至前線。

二月七日

日軍前以陸戰隊及在鄉軍人，進犯閘北，數次總攻，均被我軍擊退，損失甚鉅。同時更以軍艦十餘艘，轟擊吳淞砲台，希圖佔據要塞，又遭失敗。旬日以來，日軍雖受重大損傷，而其侵犯之心，仍未稍戢。故自六日晚，新從日本調來陸軍到滬後，日軍司令野村，卽變更戰略，於今日早晨，擲其海陸空軍全部之兵力，分水陸空大舉會攻吳淞，並限於二十四小時內攻陷我方要塞。意欲先行佔領吳淞砲台，冀得自楊樹浦沿黃浦江至吳淞口外，均爲日軍之根據地，然後再以全力進取閘北。故於晨七時起，卽開始實行此項新戰略。先用飛機十餘架，飛至我軍陣地視察，並投擲大批炸彈。同時又派陸軍二千餘名，由糧米站及軍工路會攻吳淞。停泊張華浜東面黃浦江中之軍艦六七艘，亦同時向我吳淞方面開砲。上午十時許，我方駐防蘊藻浜一帶之翁旅，即在裏揚旗防線內迎頭痛擊，敵軍第一次衝鋒，即被我擊退，死傷甚衆。十二時餘，復有第二次進攻，我軍竭力、抵抗，敵軍仍猛力進犯，激戰極爲猛烈。閘北方面，敵軍亦於同時由天通菴路用鐵甲車及坦克車掩護步兵，向我八字橋陣地進攻，當被我軍擊退，並在江灣路方面毀敵軍坦克車兩部。自下午六時後，閘北似入休戰狀態。又敵軍飛機上下午，均在我吳淞，蘊藻浜，閘北，眞茹等處擲彈，但均未命中我軍防線，惟民房被炸毀及焚炸者甚多。茲將張華浜及閘北方面戰況，分記如後。

張華浜之激戰　日軍司令野村，以海軍迭次向我吳淞砲台進攻，均遭失敗，同時又因吳淞口外，尙有英艦停泊，未便開砲。乃變更計劃，於今日上午，遣派陸軍三千名，由楊樹浦底軍工路，暨黃浦江旁之糧米站兩處，向我吳淞方面大舉進攻，當被我駐防蘊藻浜之翁旅，在裏揚旗方面，迎頭痛擊。上午第一次接觸，敵即不支敗退，下午二次接觸，戰爭極猛烈，同時浦江日艦五艘，向吳淞開砲助戰，並有飛機多架擲彈，但我軍陣線，仍在原處未動。茲將激戰詳情，分紀於下：

敵機先來擲彈　晨七時許敵軍派飛機十餘架，自上海方面空中，沿淞滬鐵路，飛至江灣，高境廟，張華浜，蘊藻浜，吳淞鎮，等處，先行偵察一過，隨即沿途投擲大批炸彈。最後又飛至吳淞要塞，擲彈十餘枚，均未命中。當敵機擲彈時，我軍即用高射砲射擊，故敵機在吳淞要塞擲彈後，即不敢再來。

敵陸軍進攻失敗　敵機擲彈後，日軍司令野村，即派鐵甲車二輛，裝置機關槍之機器脚踏車十餘輛，及卡車十餘部，滿載日陸軍一千餘名，於上午九時許，由楊樹浦底沿軍工路開至張華浜進攻吳淞。一面有日海軍驅逐艦二艘，載日兵千餘名，駛至高橋沙（俗名老鼠沙）光華火油棧前面浦中，用鐵殼駁船二艘，渡至張華浜糧米站碼頭登陸，即會同鐵甲車進攻蘊藻浜車站。十時許戰事即爆發，敵軍由敵艦開砲，及飛機在空中擲彈，掩護而進。我軍現駐守吳淞之兵力甚厚，即經譚司令指揮禦敵。其時敵軍最前線在兩路工廠之東蘊藻浜車站，西揚旗，甘家橋，軍工路，糧米站一帶，甘家橋有不少草棚，已被敵兵焚毀，砲火初不甚猛。至下午一時許，復有敵艦三艘，開至助戰，而砲火漸趨劇烈。

又據另一報告稱，日軍遣調新到之陸軍暨陸戰隊一部，約三千餘人，分兩路運至蘊藻浜附近，一路由軍工路乘軍用汽車並携鐵甲汽車十餘輛，運抵張華浜附近，當於十時許，與我軍翁部步哨衝突，戰至十一時半，敵不支而退。另一路則由虹口匯山碼頭，以日本郵船公司及日清輪船公司之小火輪，裝載一部份軍隊，由浦江繞至糧米站登岸。於十二時許，再以鐵甲汽車六七輛，與張華浜方面會合，再以鐵甲汽車六七輛，與張華浜方面會合，再度猛烈進攻。我軍以機關槍及來福槍等掃射甚利，同時再以手溜彈轟炸鐵甲汽車，致日方始終未能得手。敵空軍方面，以飛機七八架，冒雨在天空猛襲其目的地，在毀我獅子林要塞砲台，投下炸彈甚多，然並未命中，僅傷台兵等十數人。我方以大砲還擊，致敵機不敢降低，同時敵機以暴風雨及稀霧，感受空中氣壓之不便，更因我方砲火猛烈，乃不支而退。

軍部所得之戰况　關於日軍進犯吳淞之戰事，據軍部方面所得戰况如下，（一）七日晨有敵艦十餘艘，由白龍港開往吳淞，並有飛機十架餘，由白龍港飛至上海，白龍港僅留敵艦四五艘。（二）七日晨，敵軍第一次用鐵甲車十餘輛，由張華浜方面，向我吳淞進攻，激戰頗烈，當被我軍擊退。（三）下午十二時半，敵軍第二次復用鐵甲車六輛，掩護步兵六七百名，向我吳淞猛力衝鋒，嗣被擊退。（四）據外人方面消息，日方確於六日晚到有陸軍數千名，並限令七日攻陷吳淞，（五）吳淞方面，敵艦因有英艦兩艘泊在砲台方面，未敢開砲，祇有敵機數架，向獅子林砲台擲彈，我軍死傷十餘人。

西報紀載　上海泰晤士報云，昨（七日）吳淞之戰事中，有日兵一小隊，顯偕植松少將同進者，殆全爲中國步兵圍困，力戰以求生路。據戰地繞道回滬之日訪員述及此役，頗爲此水兵與海軍司令担憂。據稱，水兵百名，分乘五汽車，輔以鐵甲車二輛，昨晨七時向吳淞進發，擬抄華軍後路，以助在附近登岸之日軍，襲擊華軍戰壕。蓋預先約定，由第三魚雷艇隊，派兵五百名登岸，在吳淞砲火之下，從西南兩面攻擊華軍之防線，而上海之一隊，則由北面偷襲。但此謀卒未成熟，偷襲之一隊，在距吳淞二里處，爲伏於張華浜之華兵所阻，其地有一小河，橋樑已毀。於是日兵乃集木料，駕一浮橋，華兵開槍數響，棄壕疾退。日兵大喜，携來福槍機關槍猛進，而令其汽車與鐵甲車於後。植松少將因切欲輔助日軍艦登岸之軍隊，亦忽遽前進，華兵忽停止退走，回其所棄之戰壕。是否用計，不得而知，但觀其戰略，堪稱出於能將之謀。華兵既截斷日兵之退路，伏而不動。衛守後面汽車與鐵甲車之水兵，人數無幾，聞其同伍士兵槍聲連貫，方喜已達華兵第二防線，笑而相語曰，司令已擊破敵軍防線，當其以槍刺對之之時，若輩必狂奔矣。不意華兵此時仍無動靜，迨日兵側面向西第三隊華兵疾進時，伏於第一道戰壕之華兵，忽開砲猛轟日兵，其地距吳淞約二哩。植松少將過華兵第一道戰壕線時，約在下午二時三十分。三時左右，日軍艦登岸混成旅第一隊，始向南進，當與阻止植松少將前進之華兵相遇，但至昨日深晚，困於華兵圍中之日兵，與守衛鐵甲車之日兵，猶未能探明其是否安全也。又訊，日軍司令部承認昨日攻擊吳淞一役，損失甚巨，植松少將已於昨日夜半回滬，在日人俱樂部以戰役之詳情，報告各軍官，但未述及其自己遇險情形。

閘北方面　日軍自變更戰略後，今日集中海陸空軍全力，猛攻吳淞，而閘北方面，日軍逐漸抽調至吳淞，兵力已見單薄，故形勢較和緩。戰事側重於江灣路及八字橋一帶，敵先後向我軍衝襲，均經擊退。至我軍右翼虬江路寳興路北站等處，昨日頗為沉寂。

八字橋我軍勝利　敵軍於昨晚十時，向我八字橋防地進襲，激戰至一時許，經我軍奮勇應戰，將其擊退，大受重創。今日正午十二時許，敵復以飛機大砲，向八字橋我軍防地，猛烈轟擊，同時並以機關槍，小鋼砲，連續射擊，於此砲聲機關槍密射之下，敵軍卽拚命向我軍衝襲。我軍當亦奮起抗敵，迎頭痛擊，一部份且抄其後方，截擊敵方後路，敵始不支，向後潰退。是役戰約一時許，斃敵甚衆。至午後二時，敵軍喘息甫定，復得援軍，又以一千餘衆，向八字橋進攻，大砲猛轟，飛機仍在空中助戰。惟我軍以逸待勞，勇猛應敵，又將敵軍擊潰。敵軍兩次進攻，均遭失利。但昨日敵軍作戰者，多數係新來之正式陸軍，故終未肯罷手，復於下午五時左右，三次進攻我軍，其勢尤較十二時二時兩役爲烈。時敵軍士氣已餒，當進衝之時，一經我軍還擊，發槍已多慌急狀態，故終爲我軍逐回敗去，傷亡過半，我軍亦有犧牲。綜計昨日敵機向我軍陣地擲彈，有百餘次之多，惟爆發甚少，且多落於空地之上，無重大損失。又狄思威路方面，昨日敵軍亦有進攻，經我軍應戰後，敵卽退去，故未有激戰。

燬敵坦克車二輛　晨十時許，日陸戰隊藉新到之陸軍援助，由虹口公園之北，江灣之南，（沿鐵路南）突向我軍進攻，同時日兵在靶子場用野砲掩護，更用新式坦克車二輛，隨軍隊衝鋒。我軍亦用鋼砲機關槍掃射，激戰至烈。相持不久，日兵卽漸不支，我軍卽挺進，日兵乃急用坦克車向我軍再度衝鋒。詎該坦克車二輛，竟墮入我軍戰壕內，日兵尚圖一再奪回，均爲我軍所擊退，而該車乃遭我軍用炸彈手溜彈所轟燬。

敵機擲彈未命中　昨晨九時，敵飛機十餘架，先至天通菴車站投擲炸彈數枚，旋飛至眞茹擲彈百餘，均未命中，損害極微。同時在虹口花園之日軍，又用大砲頻頻向寶山路一帶轟擊示威。十時許寶山路天通菴路口，先行起火。至午後一時，香山路與永興路間之房屋，亦相繼起火，一時火光燭天。日軍目的志在破壞，軍事方面，以我軍戒備嚴密，陣線毫無變動。

日兵又到滬　上午十時，日本軍艦又有二艘到滬停泊黃浦碼頭，艦上載有陸軍約四五千人，卽登岸列隊向平涼路進發。同時又有一日艦到達大阪碼頭，滿載軍器，卽由日軍用卡軍載運，向引翔港方面而去。兩處碼頭上先由日兵密布步哨，禁止中西人士窺探，或有跰足遙望者，卽遭刺刀戳傷。

二月八日

自日軍變更戰略後，傾海陸空軍之全力，猛攻我吳淞，七日經一晝夜之血戰，總攻既告失敗。今晨拂曉，以原有之兵力，復調六千陸軍，繼續下令攻擊我蘊藻浜之正面。同時派隊繞往紀家橋，企圖偷渡，截斷我後路，經我軍奮勇應戰，斃敵千餘名。蘊藻浜正面之敵，衝鋒達十餘次，我軍與之肉搏，敵死傷無算，並燬其鐵甲車四輛。至閘北方面八字橋西寶興路一帶，亦激戰至烈。西寶興路今午血戰時，我軍佯退，敵深入後，伏兵盡起，斃敵七百餘名。敵機十餘架，仍在吳淞閘北等處擲彈，下午三時，閘北太陽廟擊落敵機一架。全線戰況，我軍大勝，陣地未動，敵傷亡在二千八以上。晚七時後，敵軍又向廣東街虬江路進攻，激戰至十二時後，始被我軍擊退。茲將蘊藻浜及閘北方面消息，彙誌如下。

蘊藻浜之血戰　日軍自七日晨八時許，傾其海陸空軍之全力，猛攻吳淞，血戰達八小時，結果，日軍傷亡過半，創巨痛深，始不支敗退。今晨拂曉，日軍繼續向吳淞猛攻，除原有之兵力外，復將續到之大部份陸軍約六千餘名，悉數調往吳淞作戰。海空兩方，以大砲及重量炸彈，投射如雨。陸路則藉鐵甲車及坦克車等利器，衝鋒十數次。然我軍以逸待勞，極爲鎭靜，先後均將其擊退。在朱家浜西面一戰，我軍因閘北援軍開到，左右夾擊，斃敵至千餘人之多。茲將吳淞我軍勝利消息，詳誌於後。

偷渡紀家橋　敵軍於七日用海陸空全力，進攻吳淞，我軍奮勇抵抗，雙方激戰一日，敵迄難進展。七日晚九時許，張華浜復有敵二千餘名，開到增援。其時敵軍曾一度攻佔蘊藻浜車站，但旋卽爲我軍在永安華豐兩紗廠屋頂所架之大砲及機關槍，將日兵擊退。是役敵兵死傷甚衆。嗣後敵兵雖極力進攻，卒以我軍砲火猛烈，故雙方激戰至今晨，敵軍仍無法進展。遂於今晨五時許，派兵約七八百名，從鄉間小路，迂迴兜抄至距蘊藻浜西首約三里許之紀家橋，（一名瑞芝橋）希圖在該處搭架浮橋，偷渡蘊藻浜及泗塘河，截斷我軍後路，並攻擊我軍側面。詎我軍早有所備，俟敵渡河及半，我軍當卽奮勇爭先，出而迎擊，敵兵被我軍擊斃及溺斃者無數，始狼狽敗退。旋至上午十時許，敵復派大隊向該方面進攻，與我軍隔河相持。

日軍事佈置　七日會攻吳淞之敵軍海陸空軍兵力，實數有一萬餘人，僅就攻蘊藻浜一隅之軍隊言，亦不下三千七百人，故日軍曾有限令三小時內克吳淞之豪語，其後經三十小時，尚未攻陷，且反爲我軍所敗。故今日續攻吳淞時，乃下最大決心，將新由日本運到之大部份陸軍六千餘人，悉數開往吳淞作戰。其進攻計劃，除軍艦飛機以重量大炸彈及砲火，向吳淞池塘，吳淞砲台，要塞砲台，及寶山縣城，三處爲目標，不住轟擊外。并以兩萬海陸軍隊，向前衛中衛後防及正面，與左右兩翼，向我進攻。據英海軍軍事家言，日軍昨晨戰事，係利用拂曉戰，其正面軍隊在蘊藻浜，左翼配置於盧家宅，右翼配置於軍工路，另外並組游擊隊數隊，以爲策應。衝鋒時，多以陸軍，導以鐵甲車及坦克車等利器。

雙方之肉搏　日軍今晨既以另一支隊，企圖偷渡紀家橋，截斷我後路，同時以新到之數千生力陸軍，猛攻蘊藻浜之正面。自拂曉起，至下午五時止，前後衝鋒不下十餘次，我軍以機關槍小鋼砲應戰。激烈時雙方繼以肉搏，我大刀隊運用其神技，日軍犧牲奇重，乃廢然而退，鐵甲車爲我軍所燬者計有四輛之多。

殲敵千餘人　晨八時，日軍曾一度佔據朱家浜西面及陸家宅北面之吳淞池塘，未幾我閘北援軍開到，即在池塘前，左右夾擊日軍，成一大包圍之形勢。是役，日軍死傷達千餘人，倖免生還者僅百分之一二，我軍遂恢復固有之陣線。

西報之紀載　大美晚報云，今日（八日）侵晨，日海軍陸戰隊，助以新到之陸軍，大舉向蘊藻浜進發，希圖攻陷吳淞砲台及寶山城。據今日正午日方官場消息，日軍已抵蘊藻浜，但以對岸華軍抵禦强烈，未能前進。今晨十時，北四川路日陸戰隊司令部發言人發樂觀之語，謂日司令預料正午可將砲台攻克。但午後據觀戰者報稱，十九路軍扼守陣地，猛不可當，日軍毫未得有進步。日軍司令部現設於京滬路吳淞方面之工場，指揮該路戰事。今日正午，又據日總領事署傳出消息，日軍因蘊藻浜上橋樑已斷，尚未能大舉作戰，必俟造成浮橋，始能進攻云。聞今晨之惡戰，雙方死傷頗衆，華軍由戰壕中以來福槍機關槍手擲炸彈抵禦前進之日兵，致日兵死者纍纍，時有運貨汽車由戰地載屍自楊樹浦路駛回，至其確數，不能向日陸戰隊司令部或日總領事署探明。吳淞砲台經五日之猛轟，今日正午，仍在華軍之手，據中國軍署方面消息，今晨戰中，曾以重創加於登岸之日援兵，華軍伏於壕中，以逸待勞，甚有把握云。

閘北方面：今日閘北方面戰事，竟日均在劇戰中，砲聲隆隆，終日未斷。晨八時起，日兵仍在虹口花園發砲，向張華浜及閘北一帶轟炸，我軍間或還擊，但因態度鎮靜，日兵莫測我軍用意，始終未敢進犯一步。至十二時許，日兵藉援軍之助，又向閘北進犯。

西寶興路血戰　午十二時許，日兵約千餘人，突向克明路及西寶興路兩路我軍陣地襲擊，（以此處曾有日兵五六百名，於六日晚一戰中，被我軍包圍，現在圍擊中），我軍即奮起應戰。日兵先以野砲轟擊，繼以鋼砲，機關槍，並利用手溜彈，向我軍拋擲，乘隙衝鋒。我軍見其來勢兇猛，乃即令全體應戰，並用迫擊砲阻其衝鋒。激戰約二小時，日兵漸覺不支，旋因其援軍開到，乃又重戰。我軍即時向後詐退，日兵竟直衝而進。是時我軍已在電話局相近，淞滬路鐵道兩旁，預有我軍埋伏，故敵兵將進至鐵路時，我軍伏兵四起截擊，同時先退之軍士，即乘勢回攻。於是日兵左右前後又受包圍，截成四處，雖欲急退，勢已不及，當被我軍轟斃七百餘名，亦有被我包圍，其餘均紛向克明路，從橫浜橋逃命。及日兵後方再來增援，奈大勢已去，已成弩末，至五時許，槍砲聲漸稀，我軍在西寶興路口，固守陣線。

八字橋敵受挫　日兵三次進攻八字橋潰敗後，今晨九時許，又用野砲，鋼砲，機關槍，向我軍射擊，我即用砲還擊，奮勇迎戰。日軍用鐵甲車衝鋒，先後我軍用炸彈擊退，幾即齊起追逐，機關槍手溜彈之聲，繼續不斷，當時此衝彼退者屢屢，日兵死傷者四百餘人。旋日兵援軍開到，始得暫支陣地，但已逼近天通庵路處，相戰至下午二時許，日兵仍不支，乃於三時左右，向北四川路方面敗退。同時日兵恐中國軍隊伏於民房內，故將竇樂安路一帶縱火焚燒。

虬江路劇戰　閘北新民路之日兵，於七時許，突向我軍襲擊，日兵砲隊亦移其砲位向該處轟擊，我軍即沉着迎頭痛擊。日兵屢次向火車站方面衝鋒，均爲我軍用機槍擊退，我軍即挺進，在福生路口又巷戰，約廿五分鐘，槍聲密如連珠，日兵流彈達海寧路。未幾，日兵因我砲火威逼，乃不支而全部敗退，沿向北四川路以北而去，但砲聲仍繼續不斷。至九時許，日兵又集合殘部，向大德里川公路進攻廣東街及虬江路，我軍即在該兩處應戰，雙方機關槍掃射之聲，連續不斷，間以盒子砲迫擊砲步槍之聲，至爲清晰，，相持至午夜十二時，日兵始不支退却，流彈有達虹口沈家灣救火會，但日兵砲射，仍有加未已，我軍亦用砲還擊，但槍聲已稀。此二次巷戰，我軍傷亡甚微，日兵損傷甚重。

敵機被我擊落　下午二時許，日兵又遣飛機四架，在閘北偵察我軍情形。中有一架，於下午三時許，飛往麥根路太陽廟，距離地面甚近，在附近居民正在紛擾之時，被我軍用高射砲一擊而中，該機卽翻身墮下，機上有日兵四人，當爲該處我防軍俘獲。

江灣之戰事　敵軍調陸軍陸戰隊四千人，自軍工路猛攻吳淞，衝鋒四次失敗，昨晚仍相持於蘊藻浜，敵軍主力，集中於張華浜。駐防江灣之我軍，乃於昨晚啣枚前進，實行包抄日軍後路，軍行至江灣路東段，與敵軍相遇，遂卽開火激戰。

西人稱譽我軍　大美晚報記者二人，赴我軍前線觀察，歸而撰文，在該報發表，敍述其視察我軍所得之印象。其開首卽盛稱我軍，曰對人客氣，曰紀律嚴明，曰士氣雄壯，曰絕不畏死。繼稱自眞茹而龍華而南市，未遇一兵一卒，仇視外人。日軍飛機雖到處擲彈，中國軍心，旣不混亂，又不慌張，祇望絡續擊下日機，地上被炸窰穴，士兵圍觀，視若無覩。

日報紀載　日報每日新聞云，中國神出鬼沒之便衣隊，於八日晚七時，由大砲之掩護，竟衝破我軍（日軍）嚴重之警戒防線，潛入虹口一帶，未幾，綿亙於北四川路一帶，猛烈襲擊，與我軍（日軍）僅差二百米突，用迫擊砲以必死的向我方（日軍）挑戰，北四川路吳淞路老靶子路轉角，彈如雨下云。

日軍續到五千名　經日方一再閣議，續派大批戰隊來滬，藉以增援，除六日已由日郵船載到千五百名，於楊樹浦登岸外，今晨續由早苗早蕨兩艦載到大批陸戰隊五千餘名，復於大阪碼頭登岸，潛赴吳淞閘北，大舉總攻。

二月九日

今日吳淞及閘北方面，均無激烈戰事。蘊藻浜方面，敵軍偷渡失敗後，乃積極佈置圖再進攻。閘北方面，則敵機被擊落二架。茲將各情分誌於後：

蘊藻浜之戰況　吳淞方面，日兵自經二次進攻失敗後，已無餘勇，故除於晨間曾一度由糧米棧進襲，爲我軍擊退後，轉入沉悶。同時張華浜糧米棧內之日兵，被我軍由蘊藻浜南進攻，有包抄之勢。故於下午二時許，在陸家觀音堂軍工路滬江大學附近一帶，堆置防禦物，掘築戰壕，似因連日進攻失敗，又將改變其所謂戰略矣。茲將情形，分誌於次。

日軍偷渡失敗　日兵傾全力進攻吳淞，先後連敗二次後，今晨五時許，又圖偷渡蘊藻浜，冀登吳淞鎮河岸。當時日兵除由後方增援軍工路外，又用小輪拖帶駁船一艘。載有陸軍二百餘名，沿浦江在張華浜碼頭登岸，向蘊藻浜站我軍陣地猛攻，日艦及糧米棧內日兵，同時用砲向我軍後方及砲台轟擊，我砲台連續還擊。同時沿蘊藻浜南岸之我軍，奮勇挺進，在我砲彈掩護之下，向張華浜糧米棧進攻，敵軍不支，旋卽潰退。當時日兵正在偷渡，因受我方砲火壓迫，落浦而死者二三十名，傷亡者五十餘人，餘均敗退至糧米棧。吳淞鎮已成焦土，砲台上我軍，當敵軍由軍艦偷渡，以大砲掩護登岸時，無不奮勇作戰，甚有手足被折，仍不願退休繼續發砲者，忠勇可見一班。

退軍工路佈置　日兵自偷渡又告失敗後，彼似知圖襲我軍防線，已無希望，且旬日來損失實力不貲，乃於下午三時許，將鐵甲車十八輛，卡車八十餘輛，全部向陸家觀音堂軍工路退却，在滬江大學附近一帶，重堆防禦物，並掘築戰壕，似防我軍追擊，而有待援之勢。故自下午起，未有戰事，惟雙方砲轟，繼續不斷。

日飛機擲炸彈　晨吳淞激戰時，敵方於早晨七時許，飛機八九架，在天空偵察吾方軍情。至八時許，該機等飛至張華浜空中，紛紛擲彈威脅，企圖擾亂我軍後方。同時駐在張華浜南之日軍，乘機開砲轟擊，甚為激烈，但我方竭力抵禦，敵不得逞。其後日機漸漸飛散逸去，中有數架，轉飛至閘北方面，拋擲炸彈。

劉河墮落敵機　據劉河無線電報告，今日上午，有敵軍飛機一架，因機器損壞，墮落於離劉河七里之處，內有日人三名，有兩人當時斃命，另一人受重傷。

閘北方面戰況　閘北方面，僅於上午十時許，敵軍飛機飛來投擲炸彈時，敵軍在江灣路方面，不時以大砲協助飛機轟擊，以致八字橋及天通菴路等處起火。我軍除沉着固守防線外，同時並用高射砲擊敵軍飛機，當被擊落一架。隨後敵機又飛往眞茹擲彈，亦被我軍擊落一架。敵機被我擊退後，敵軍雖不時以大砲及機槍向我陣地射擊，但不甚激烈，同時亦因我軍防守甚密，未敢向我衝鋒。惟至晚間九時後，敵軍又用大砲頻頻攻擊，故砲聲甚密，但我軍仍不爲動。

德軍事家評論　今日有德國軍事專家多人，親赴前線視察，對於華軍之戰略，甚爲讚美。據云外間每稱華軍體力甚弱，實際乃不然。曾以望遠鏡瞭望，親見一華人，能與數日兵肉搏，而其結果，日兵輒不敵。又華人發彈甚經濟，彈無虛發。日兵則不然，恃其軍火之充足，濫發子彈，並無準的。華軍極富於作戰能力，可作長時間之困鬭。自歐戰迄今，未見有如是能戰之軍隊。該德軍事家等又謂，日軍槍械甚利，最適宜於示威，或虛張聲勢之用，惟作戰時，殊不見高明，其步槍機關槍之使用，不及華軍純熟，擲手溜彈更不及華軍。

外報稱譽華兵　字林報云，昨晨（九日）日軍驅逐艦以極近距離猛放槍砲之際，突有中國兵士肩一機關槍，自斷垣躍出，馳過毫無屏蔽之一百五十碼，而重得一屏蔽地方。雖以機關槍之沉重，勢幾不勝負荷，而敵艦又僅在數百呎外，砲彈集其一身，密如雨下，而該兵竟毫無畏懼，卒荷機關槍達其目的地，顯似未曾受傷，可謂神勇也已。

日兵續到　今晨匯山碼頭到有日本陸戰隊士二千餘人。

二月十日

日軍二度總攻吳淞失敗後，靜待增援陸軍開到，再作大舉，故今日吳淞閘北兩度戰況，較爲和緩。惟日艦九艘，午一時起，在三夾水洋面，以重砲轟擊吳淞砲台，我軍應戰甚力，四時始止。陸路方面，晨二時日軍數百，偷渡蘊藻浜，被我全部殲滅。上午九時，敵復沿軍工路進攻，經我軍抄襲其後方，敵始潰退。閘北日間甚爲沉寂，晚七時後，敵大隊在猛烈砲火掩護下，由福生路衝攻我寶山路防線，激戰至八時五十分，敵不支敗退，我軍乘勝追擊，陣線進展至虬江路北四川路口。敵飛機，仍四出擲彈偵察，上午十一時，在青雲橋被擊落一架，日機師二人均殞命。茲將蘊藻浜閘北各方面情況分誌如次。

蘊藻浜之戰況　吳淞方面日兵，昨仍在蘊藻浜，再試偷渡，結果又復失敗。繼由陸軍進攻，亦未得逞。午後因亦未來進攻。日飛機續在吳淞砲台投擲炸彈，但均未中的。雙方砲轟，至下午四時漸平，我軍仍固守砲台。在下午五時半左右，日兵由司令部方面派出空卡車九輛，經南京路往楊樹浦方面駛去，係載運援軍至滬江大學附近增援。茲將各情誌下。

二次偷渡失敗　今晨黎明時，敵利用曉色蒼茫，竟復派兵數百名，在依周塘角南草菴前面，乘民船偷渡蘊藻浜。當被我軍發覺，隔河用機關槍掃射，敵兵不死於槍彈，即溺於水，無一生還。自今晨起，敵軍在黑橋南徐家灣等一帶，復不時向我軍進攻，雙方陣線，並無變化。

偷襲野戰亦敗　上午十時許，日軍又由軍工路抽調一大部份陸軍，向蘊藻浜方面偷襲，利用重砲掩護，猛向我軍衝鋒。我軍亦藉砲台大砲掩護，奮勇迎擊。雙方即在蘊藻浜車站南軍工路上野戰。我軍左右兩翼甚爲活動，從敵軍後方推進，敵軍恐受包圍，乃急向後敗退，同時敵軍正面亦被我軍擊散，我軍卽在軍工路原陣地固守。此役日兵死傷二百餘人。

轟擊砲台無效　下午一時起，敵艦九艘，在吳淞口向吾砲台開砲轟擊，甚爲猛烈，吾軍亦發砲還擊。直至三時半左右，敵艦知吾有備，勢不得逞，砲聲乃息，吾方受損極微。

日軍增調援軍　日兵司令部，於下午五時半左右，派出空卡車九輛，經南京路直向楊樹浦方面駛去，聞係載運援軍，至軍工路滬江大學附近增援。以該處日兵防禦，佈置已將就緒，惟兵力甚薄，該空卡車上，每車有日陸戰隊二名押車，步槍緊靠車篷，兇相畢露。並悉原駐蘊藻浜車站以南之右翼敵海軍陸戰隊，及右翼軍工路敵軍陸戰隊第二中隊，以及正面，均改由新到之下元陸軍團擔任，左翼則尚未更調完畢，僅前衛由陸軍接替。聞日兵坦克車已運到，現在急於計劃，由蘊藻浜渡河，惟我軍機槍掃射猛烈，敵軍甚爲膽寒，頗有徒事犧牲之苦。

閘北我軍進展　閘北方面，日間無劇烈戰事，晚七時大隊日軍，由福生路衝攻我軍寶山路防線，一時砲聲隆隆，槍聲密集，激戰約一小時三十分，敵始敗退，我軍乘勝追擊，防線進展至虬江路北四川路口。敵機五架，昨日上下午兩度至閘北轟炸，當被我軍在青雲橋擊下一架。茲將各情，分誌於後。

寶山路劇戰　晚七時起，閘北方面，復有激烈戰事，砲聲隆隆，機關槍與步槍聲，密如連珠。大隊日軍在砲火掩護下，由福生路向寶山路我軍防線進攻。我軍待其迫近，即以機關槍掃射，戰約一小時半，日軍死傷枕藉，始不支而退，我軍乘勝追擊，防線進展至虬江路北四川路口。同時在寶山路以北至虬江路間一帶房屋，中彈焚燒，火光燭天，至十一時，始漸熄滅。

敵機兩度轟炸　晨八時，有日機五架，飛來閘北天空，未一刻鐘，又由浦東方面飛來四架，環繞起落，盡情偵察我青雲路及滬西沿鐵路防線。可三刻鐘後，大部東去，留閘北祇兩機。旋該兩機由南市飛轉，卽在閘北，開始擲彈，大半均落於江灣與八字橋方面。當飛機之來，沿寶山路一帶，卽起砲聲與機槍聲，我方亦還擊。至十時三十分，日機全去，於是砲聲槍聲，亦因之而停。故昨日全日如天通菴路，虬江路，寶興路，老靶子路一帶，祇有斷續機槍聲，未有劇烈戰事。但至午後四時十分，日機五架，復來閘北，三高兩低，所投炸彈較晨尤猛，但大半落旱橋西北曠地，損害極微。

擊落敵機一架　晨十時，敵機五架，在青雲橋天空擲彈時，我空軍由楊隊長駕起大號戰鬪機一架，凌雲應戰。此時日機因仍在亂擲炸彈，故飛行甚低，我方飛機，乃飛高於日機之上，用機關槍向下掃射。交戰約二十分鐘，日機不支，向東疾駛圖遁。惟中有一架，業已受傷，當卽下墮於青雲橋南塊，時日機師二人，一已斃命，一則僅折斷一足，故猶握手槍向我軍射擊，作最後之掙扎。當經我軍還擊，將其擊斃。其餘四架，則均逃入租界，我機爲維護租界人民安寧起見，故未窮追。

二月十一日

今日各地戰線，吳淞略有砲聲，其餘各地槍聲亦稀。而日本飛機，則大爲活動，到處拋擲炸彈，威脅及於兩租界。茲將吳淞及蘊藻浜各方面情況分誌如次。

吳淞方面戰況　日艦於晨間七時許，以五英寸口徑小鋼砲，由遠距離之地點，向吳淞轟擊，計開三十餘砲，我方因無若何損失，故未開砲還擊，以免虛耗彈藥。至十一時三十分，日陸軍復以開花砲四門，向我射擊，我軍略事應付，敵軍遂卽停砲，至正午，炮聲遂息。

蘊藻浜之戰況　盤據吳淞蘊藻浜南鐵路總工廠之日軍，於晨八時許，擬偷渡蘊藻浜，分左右兩翼衝鋒。左翼自楊家宅及軍工路，以陸路砲及手提機關槍向浜北猛攻。右翼自胡家橋周家橋向北轟擊，日軍中並有身穿救命馬甲者，擬搭浮橋過河，當爲我軍猛勇抵禦，劇戰一小時，敵軍不支而退。

日本援軍又到　日政府增調陸軍一師團，來滬應援，特命駐滬各軍艦往運，昨日下午，已到一批。其餘大隊日兵，則於今日下午二時開到上海，共有一萬二千人。當在黃浦江內黃浦碼頭停泊，兵士卽行登陸，分批用卡車運往江灣閘北兩方面而去。日本軍艦，截至昨日止，自第二隊魚雷一艘，於下午二時五十分開來外，刻下滬上已有大小軍艦三十二隻，由吳淞二號河筒起，一直停至黃浦江南段江面，成爲一直線云。

二月十二日

自日軍無端向我閘北及吳淞以大砲機槍轟擊，並用飛機亂擲炸彈，該處居民，均猝不及避，慘死於難者，不可勝數，但戰事迄未停止，而戰區災民、傷者纍纍，救護人員，均不得前進營救，男女老幼，無法逃避，飢無食，渴無飲者，亦已多日矣，因而餓死者，時有所聞。昨日下午一時半，英總領事璧約翰，偕同萬國義勇團司令部皮而少校，徇西教士之請，前赴市政府面謁吳市長，請通知我方軍事當局，於今日上午八時起至十二時止，於閘北寶山路寶興路虬江路一帶，雙方暫時停止攻擊四小時，由皮而少校督率救護團體，前往戰區，設法救護該區域內災民。我方軍事當局，卽允許。聞英領等並與日方同樣商妥。故今晨閘北方面日軍並未大舉來犯。惟自晚七時起，日軍用極猛烈之砲火，向我虬江路天通菴路一帶防綫攻擊，一時槍聲機關槍聲密集。敵係威嚇性質，始終未敢衝鋒，我軍沉着應戰，至十二時四十分始止，雙方陣線未動。又吳淞方面，晚八時後，復在蘊藻浜之正面，向我砲轟，較閘北之砲戰，稍爲和緩，至夜半始停止，敵亦未曾絲毫得手。茲將吳淞及閘北各方面情況分誌如次：

吳淞方面戰况　吳淞方面，自晨六時起，又向我軍開始攻擊，在蘊藻浜，張華浜，吳淞鎮，砲臺灣，獅子林，等數處，均有衝突，戰爭頗烈，茲將戰況分誌如下。

蘊藻浜吳淞鎮　昨晨六時日方派步兵七八百人，由野戰砲及飛機之掩護，大舉來犯，意圖衝過我方陣線，同時又向該地附近之曹家橋攻擊。我軍之在蘊藻浜者祇有二百人弱，均奮勇抵抗，戰約二小時，卽將敵擊退。曹家橋方面之日軍，亦經我軍擊敗，至九時後，卽平靜無事，惟仍有步哨槍聲，連接不絕。吳淞鎮方面，於昨日清晨，亦有日兵以大砲向我軍轟擊，共發砲三十餘響，多未命中，至九時後，敵軍猶時向我軍以步槍射擊。

砲台灣張華浜　砲台灣所泊之日艦，共計有十三艘，昨晨日艦上之陸戰隊，時發槍射擊我砲台旁之軍士，惟因砲台前泊有英美兩國之軍艦，日軍因有所顧忌，故未敢發砲轟我砲台。日艦一艘昨晨艘至張華浜口，約於六時左右，向我方開砲多發，其陸戰隊幷擬上岸，均經我駐軍擊退，日軍死傷頗多。

敵軍預備大舉　大美晚報云，今日（十二）午後二時大美晚報訪員在張家浜日軍司令部前，見日兵携軟木竹筏，由持來福槍與機關槍兵士護送，先西進，後再向北趨蘊藻浜南之日軍陣線。此項竹筏，乃以壓緊之軟木製成，每方軟木，厚二吋闊約一呎，長三呎，以六方聯成爲一、兩端各置兩方，紮於毛竹，可浮水不沉。兵士携去者，共有百餘筏。司令部前之步兵，來往甚活動。司令部西南面墳塋後安置之陸軍大砲，晨間殊寂靜，是時亦隆隆作聲。下午二時後，由楊樹浦飛來飛機六架，連已在天空之三架，共有九架，內轟炸機五架，追逐機四架，觀此情形，日軍對吳淞砲台之攻勢，似即在目前矣。

閘北方面激戰　閘北方面，自晨間六時起，已無槍砲聲，八時至午十二時，因係四小時停戰救護時期，故雙方均入休戰狀態中。我軍將士利用時機，間有援助避難災民，搬運物件，及爲之維護出戰區者。惟對於進出人民，恐有敵人間諜或漢奸混入，故防範甚嚴。至下午四時後，以戰區災民，已陸續運出，故卽宣告戒嚴。下午一時後，有日機五架，在閘北太陽廟飛翔，亂擲炸彈。至四時起，日兵又用大砲，向閘北轟擊，連續不斷，入晚九時激戰更烈。茲將各情分誌如次。

日機亂擲炸彈　今日停戰時期過後於下午一時許，日飛機五架，又在閘北太陽廟等處天空中發現。先在閘北中興路，共和新路，虬江路等處環繞，繼卽投彈，約二十餘起，均在民房附近落地，轟炸者六七彈，惟未發火。我軍卽用高射砲轟擊，日飛機又飛往太陽廟，潭子灣，麥根路等處投彈，亦爲我軍擊退。惟當時閘北災民正在遷避，因日飛機到處投彈，以致重行搬回者數百人　皆避在民房內，流離失散，不計其數。

日砲轟燬民房　下午三時後，日飛機被我軍用砲擊退後，日兵於下午四時起，卽改用砲擊，平均每五分鐘一砲。日兵發砲基地，仍在虹口公園內，並間以日兵前哨之鋼砲，均向閘北及麥根路太陽廟一帶民房轟擊，入晚尤密。我軍亦予還擊，彈多落於日兵前哨線，日兵損傷甚衆。閘北民房中彈者無幾，皆未爆炸。又日兵於下午二時許，在天通廟車站北面月台，增設防禦物，并在該車站南月台上打樁，加舖鋼板，安設砲位，約有十餘處云。

入晚又起激戰　雙方砲轟，至晚九時後，日兵乘機偷襲，乃又發生激戰。接觸地點，在天通庵路，及虬江路，等處，槍聲連續未斷。同時雙方均用大砲掩護進攻，機關槍掃射，此起彼接，迫擊砲手溜彈密發，鋼砲亦頻頻施射，聲震全埠，激戰之烈，爲發生戰事後之第三次。至十時後，槍聲漸向東北進移，我軍後方砲隊發砲點，亦進至寶山路口。至十一時，槍聲漸稀，間有機關槍聲，係少數日兵殘部，猶思困鬭，惟雙方砲轟仍未輟，大都係鋼砲，至十二時始稍殺，日兵傷亡達二百餘名，我軍傷十餘人。此役，日兵曾屢次向我軍陣地衝鋒，均爲我軍殲滅，我軍陣線，一無變動。

我軍人格高尚　據自前線視察歸來者談，前日敵軍偷襲吳淞時，被我軍士兵截獲，中有日兵數人繳械後，伏地求釋，我方士兵，見其已失戰鬥能力，且卑劣可憐，即予放回，並向之云，「你去拿了槍再來受死吧。」日兵即狼狽鼠竄而去。我軍之正直剛强，於此可見一斑。而日軍對於我方士兵，一被截獲，即加屠戮，每遇傷兵呻吟地上者，亦必以槍刺猛戳數下，令其宛轉以斃。其慘酷行爲，實爲人道所不許。外人對此，莫不憤憤不平，而稱道我軍人格不置云。

二月十三日

上午十時許，敵陸軍千餘人，第三次藉烟幕彈之掩護，竟被偷渡蘊藻浜，在北岸曹家橋登陸。當時情勢異常緊張，敵軍抱必死之心，努力向我防線衝擊。我軍奮勇應戰，並急調後方援軍，全部參加作戰，取大包圍形勢。敵頑强抵禦，不稍示弱。我軍以此戰爲吳淞之生死關頭，竭全力搏擊，敵突圍凡十餘次，均不得逞。雙方肉搏，喊殺之聲，遠近震動。敵軍復在隔河以重砲轟擊援助，然砲彈所及，無損於我軍毫末。戰至下午四時後，敵死亡枕藉，已力竭聲嘶，然猶作困獸之鬬。延至晚九時四十分，始全部解决，無一生還。是役也，雙方混戰肉搏達十二小時，實開吳淞中日劇戰之新紀元，我軍亦有傷亡，卒賴我軍將士用命，士氣奮發，始博得最后之勝利，殲此頑敵。至閘北方面，則天通庵路虬江路新民路一帶均有激戰，我并擊落敵機一架，彈落日司令部。茲將蘊藻浜及閘北方面激戰狀況，分誌於次。

敵偷渡蘊藻浜　晨二時，我吳淞方面之防軍，乘敵軍疲乏之際，在蘊藻浜黃浦江口敵軍艦及附近陸軍猛攻。敵出不備，忽促應付，損失奇重。至蘊藻浜正面之敵，昨竟施放烟幕彈，架搭浮橋，偷渡三次，均被我軍擊退。詳情分誌如次。

襲攻敵大本營　昨晨二時，我吳淞防軍及便衣隊，乘敵不備，在蘊藻浜黃浦江口，向敵艦夕張號，及附近陸軍猛攻。該處係敵之大隊部宿營處，敵措手不及，忽促應戰，被我軍擊斃數百名，敵艦亦受重創，損失奇重，敵方亦驚嘆我軍作戰之勇敢。

初次偷渡失敗　敵三次架搭浮橋竹筏，希圖偷渡蘊藻浜，及南泗塘河。第一次在今晨四時半許天方破曉之際，敵兵二百餘名，在黑橋之東偷渡。當被我防軍覺察，卽用機關槍追擊砲掃射，敵遺屍十餘具，棄筏而逸。

敵施放烟幕彈　第二次在今晨七時許，有敵兵三四百名，各手持刀鈎鋸斧等，在南草菴前偷渡，敵軍並發烟幕彈，至我軍陣地，一時蘊藻浜上白烟迷漫。我軍察知奸計，卽向依周塘角，用機關槍數架掃射，及至白烟消散，則已無敵軍。第三次在上午十時許，時方雪花紛飛，敵一千餘人，仍藉烟幕彈之掩護，又圖偷渡。當被我軍步哨發覺，飛報後方，調大隊應戰。同時敵以極迅速之進行，全部偷渡登陸，我軍遂與激戰。一時肉搏甚烈，戰至十二時我援軍趕到，遂將敵全部大包圍。至下午四時止，仍在包圍中。當曹家橋兩軍激戰，敵正擬後退時，敵軍另派支隊約三百餘人，攻擊紀家橋，我軍卽出而應戰，雙方相持，約一小時之久，敵軍不支而退。至十時許，日又以五百餘人，用手提機關槍等猛衝，我軍以機關槍及排槍等應戰，敵軍因雨雪，不能用鐵甲車爲前導，故死傷頗多。至十時十五分卽退。繼敵軍以少數步隊，攻侯家木橋，我軍沉着應戰，敵軍以爲有機可乘，遂增兵力前進，我軍乃以機關槍掃射，敵知中計，乃倉皇退却。

敵增兵張華浜　今日下午二時，敵軍在張華浜兩路工廠附近，用重砲向我軍陣地轟擊，彈均落吳淞市河兩岸及同濟路泰興路一帶，我軍殊少損傷。雖敵砲亂轟，我軍異常鎮靜，絕不還擊。據張華浜對江防疫醫院附近之鄉民稱，昨日自晨至暮，瞥見有小輪拖帶大鐵亮駁船四艘，滿載敵兵，自滬駛至張華浜登岸，輪駁待敵兵起岸後，即向滬駛囘，復裝載敵兵來淞。如是者有四次之多。最後一次，曾見有大砲數門，駁運上岸。復見軍工路上卡車，來往頗忙，均滿載敵兵，及軍火而來，空車而去。照此情形觀察，現在張華浜之敵軍人數，已較前大增。

閘北激戰狀況　閘北方面，日軍因昨晚（十二日）進攻失利，乃重調生力軍，至前線補充，於晨八時許下令，續向我軍防線總攻。於是虬江路，天通庵路，新民路，青雲路，又復先後發生激戰。同時日飛機八架，飛行天空助戰，並擲巨量炸彈五板，落在麥根路區及湖州會館內，較輕炸彈，約有五十餘枚，間以大砲。我軍奮勇還擊，並用高射砲轟擊日機，在相距二十碼處卽炸裂，因此日機紛紛逃避，折向眞茹投彈，約十餘起，未得逞，又被我軍用高射砲擊回。中有一機，被我軍擊落，昨日下午六時，我軍砲隊開砲，擊中北四川路底日兵陸戰隊本部，轟燬房屋數座，並斃敵軍少校參謀一人，敵兵數人。今晨六時許，我軍砲隊又擊中日童公學內日兵第二司令部。茲將各情紀述如次。

日兵總攻閘北　晨八時許，日兵千餘名，利用飛機擲彈，大砲掩護，及後方生力軍之補充，又向虬江路，新民路，天通菴路，青雲路等處我軍前哨線總攻，當時雨雪紛飛，我軍即在雪中奮起抵禦。雙方各用野戰砲，鋼砲，機關槍，掩護掃射，日飛機亦出助戰，希圖擾亂我軍後方，未幾即被我軍高射砲擊退。我前線各將士，在敵陣中衝入殺出者數次，至十時許，敵軍不支潰退。我軍防線，堅如鐵壁，僅二十餘人受傷，日兵傷亡甚鉅。嗣後晤及該師某旅參謀長，據談日軍今晨之戰，意圖擾亂我軍陣線。惟若輩均甚怕死，向我作威時，士氣甚餒，且多藉利器掩護，結果均被我軍擊退。現我軍對於最前線防務，甚爲鞏固，日軍殊難越雷池一步云云。

彈落日司令部　今晨劇戰時，雙方砲轟之烈，爲發生戰事後之第一次，自晨八時至晚九時，未會間斷。日兵以轟炸閘北一帶民房爲目標，但均在中途墮落，或在租界內爆炸。我軍砲隊則發砲準確，百無一失。北四川路底日海軍陸戰隊司令部，曾於昨日（十二日）下午六時，被我軍砲隊開砲擊中，燬去房屋一座，斃日兵少校參謀一人，傷敵兵數人。今晨（十三日）日兵設在北四川路橫浜橋日童公學內之第二司令部，又被我軍擊中爆裂，死傷纍纍地上血跡甚多，得逃生者無幾。嗣後日兵砲轟漸稀，至晚九時後始息。

第三章　日人殘暴行爲之一瞥

此次上海事件，日人將我國閘北江灣吳淞一帶，肆行轟炸，重要交通地點如北站淞滬車站天通菴車站等，重大文化事業如商務印書館，東方圖書館，大學如持志中公暨南同濟中大醫學院等，以及其他交通教育文化機關醫院建築物民房等等，均在日人無情炮火之下，化爲劫灰。他若滬西南市眞茹以及租界各地，亦莫不時遭日飛機之偵察轟炸。而我人民之遭橫屠慘殺者，更不知凡幾。故英報評之曰：「此難稱爲戰爭，較之屠殺場，似尤甚焉。」茲章所載之殘暴行爲，不過僅就報紙所載，略爲摘取，較之眞象，當不逮萬一。至焚燬之市街學校及文化教育交通等機關名稱，人民財產之死亡損失數字，因無翔實之報告統計，不具載。

擲彈縱火

一月三十日下午五時二十分，虬江路北首大德里，被日軍拋擲炸彈，焚燒頗烈。又同日下午，日兵陸續由北四川路退却時，追至靶子路海寧路乍浦路等處，我國之兵士，乘勢猛烈射擊，大都命中，斃敵甚多。日僑民等爲阻止我軍視線計，出而相助，於下午三時，將與奥迪安影戲院毗連之民房，用木柴汽油等，縱火焚燒。時風勢甚勁，至三時三十分，將奥迪安及相連之房屋四所，悉付一炬，因有日人阻止，致救火車，不能駛往灌救。又下午二時餘，日人運煤油十二桶，至青雲路橫浜路焚燒，一時遂致火光熊熊。又午後二時半有日本殘軍二百餘名，在天通菴一帶與我軍激戰良久，卒被我軍包圍繳械，而該殘餘日軍猶思倔强抗拒，但力竭不支遂向租界方面潛逃無縱。惟瀕行之際，縱火焚屋，悉用火油爲引火之燃料，致通濟路一帶，火光燭天，無法施救。

阻我救火

三十日據閘北佛教居士林由戰事區域逃出職員報告，日本海軍陸戰隊，炸焚北火車站時。居士林全體職員，暨住民見狀，當各用消防器具，并以鐵路救火皮帶施救。而日兵瞭見施救，卽以鎗射擊，救火人員，因此不得已停止施救，任其焚燒。而日兵於進攻閘北時，先將救火會炸燬，後再縱火焚燒，故竟無從着手。

殘殺我國人民

三一日字林報云，昨日（三十）美兵在防區內，拘獲日武裝平民十四名，據彼等供稱，乃奉本國當局之命而入該區。下午八時十五分，海防路美兵遇武裝日人兩隊，向華界開槍，槍彈由美兵頭上飛過。美兵乃上前拘獲九人。八時二十五分，美兵防區內戈登路一百零二號日本兵營前，日人槍斃華人兩人。八時四十五分，美兵復拘獲日人四名，日人會佔據勞勃生路與檳榔路轉角之分捕房，後爲英兵逐出。外白渡橋北蘇州河轉角，有一華人爲日人巡邏隊所阻，該華人向南越橋而奔，日人追之，開槍將其人擊倒，復將其拘送日人俱樂部，其原因未悉。晚間虹口大部分處於黑暗中，日海軍巡隊在各街開槍，將街心之電燈擊落，其不能擊落者，用棍碎之。據謂，欲使伏於該區之中國便衣兵，失其光明，不能工作云。昨日上午十二時三十分，有中國汽車夫一人，在百老匯路附近，爲日人擊斃。昨日日陸戰隊輔以日後備隊與童子軍，在虹口區搜查行人，有多數華人，因答話不能使日人滿意，被拘送各陸戰隊防所，今是否仍拘該處，未悉，因日當局不允告知也。日後備隊最爲蠻橫，任意將其所持武器，向行人作加害之勢。有西捕頭一人在武昌路見日巡隊向華人人叢中開槍，但無死傷。百老匯路臥一中國男子之屍，滿身有刀與槍刺之傷。下午五時起，吳淞路印捕醫院之病人，陸續遷移，職員離院時均爲日人搜查。救火隊之救傷車，開入虹口區域，亦爲日人所阻。至今晨一時十五分，虹口區始稍見安靜，工部局巡捕乃復上差，且有外人一隊在中國郵務總局服務。上海商團日本隊隊員一人，昨日午後，用槍刺刺傷一無辜之華人，後復爲其同伴捆綁入一貨車。

又二日字林報云，昨日(一日)午後，蘇州路光陸影戲院附近，有女傭一人，中流彈斃命。又四時四十五分，有總捕房一千號之華捕下差，回其東嘉興路寓所，行至乍浦路橋，遇日陸戰兵一隊，忽覺右胸中槍彈，經送入同仁醫院。而其人必欲返家，與其女一面。據云，不知槍彈由何方發來。上午七時三十分，鴨綠路臥一受傷之華人，據其在醫院稱，乃爲日陸戰隊擊中大腿。大陸報云，聞有華人約一百五十人，被日人認爲便衣兵者，均爲日人槍斃。昨日侵晨日人將彼等屍身，用數貨車載去滅跡，此外臨時槍斃者，尙不知凡幾。天潼路附近西華德路之亨利洋服店，昨夜九時爲日兵搗燬，並拘去店夥兩人。昨日下午十二時後，有日兵入吳淞路附近天潼路之某食肆據謂，搜查中國便衣兵，店中之人雖未抗拒，仍爲擊斃店夥兩人，其屍爲日兵用小車載去。在此數分鐘前，有中國苦力二人，在吳淞路爲日兵喝令止步，二人立卽服從，但日兵擧槍作欲刺勢，二人驚而急逃，爲日兵開五槍擊死，其屍亦以小車載去。虹口旅館昨日爲日兵搗毀，並窮搜各室，拘去三十人；當場槍斃六人，其屍亦經用車載去。昨晨有人在吳淞路距虹口捕房不遠處，見一日兵拖殺死之二華人屍身而行。昨日下午有苦力一人，在吳淞路爲日兵用槍刺戳中腹部，當晚死於醫院。大陸報代表曾於昨日正午後在天潼路與吳淞路附近親見日人拘獲苦力狀之華人百餘人，解至日人俱樂部，恐生命均將不保也。某外人員亦在吳淞路親見日兵擊斃賣餅之華人一名。

燬屍滅跡

據目擊者談，日軍進攻以來，閘北方面粵胞組織便衣隊，時予日軍以重大打擊，故日軍甚仇視中山裝者，每拘中山裝人認爲粵籍，拘入東洋花園，卽行殺戮，尸卽裝入洋麵袋中，而日軍之死者，亦裝四袋中，加以標幟。運匯山碼頭後，日屍則載入輪中，華人屍則抛入江底。東洋花園以內，血跡遍地，可見日軍之慘酷矣。

慘斃幼孩

據紅十字總會職員某君語新聲社記者云，日本海軍陸戰隊，前日經我軍痛擊，敗退租界後。一部份日軍，已由楊樹浦逃上軍艦，其餘殘兵，則麕集於鐵馬路小菜場及虹口一帶，積極布防，以防我軍進攻。三十一日上午七時許，余(某君自稱)正在虹口日人區域內，救護難民。忽見大隊日兵及便衣日人馳至。對於華人卽嚴加檢查，動輒兇毆。余因有紅十字會徽章，得免暴打。繼余後者，爲一年約十齡之小孩，日軍在彼身上，搜出小洋刀一把，日軍卽以小洋刀將該小孩連戳三刀，頓時倒地身死。余在旁目覩斯慘劇，本擬上前救護，奈日人野蠻竟持槍向余刺來，余無奈祇得含淚而返。某君言至此，眼淚奪眶而出，記者亦爲默然久之。

屠殺虹口旅客

國民社云，刻據李揮戈君（曾充孫總理首次起義時參軍，現年五十餘歲。）來社泣告其所目擊之日軍慘殺我華人事甚詳。昨日（三十一日）上午十一時三刻至十二時，有人在虹口大旅社樓上，開槍射擊日兵。日軍時蠭擁至該旅社門前，四面包圍，將所有寓於該旅社內華人旅客四百餘人，悉數綑縛，拖出旅社門外，或遭刀刺，或被槍殺，無不畢命。蓬路至海寧路一帶，屍首枕藉，血流殷地，慘酷無比。旅客中有三十人能操外國語者，倖免於難，餘盡罹禍。聞被難旅客中，以粵籍爲最多。記者昨晨赴北四川路一帶調查，忽見武昌路方面，有大批華人，向西狂奔。繼經詳詢，悉該處一帶，日軍方在佈防。有一華人，竚立遙觀，相距頗遙。乃被日兵瞥見，即被捉獲，立將此人以刺刀猛戳，被捕華人，慘呼求救，旋爲兩日軍押解向東而去，存亡莫卜。

人間之活地獄

北四川路儉德公寓，前數日爲日本浪人子女避難之所。我同胞在附近被執者，多送至公寓中，綑以繩，背壁立，然後授小賊等以利刃，令向我同胞拋去　以爲遊戲，謂爲練習瞄準，並以壯小賊輩之胆，如詢被獲者爲粤人，則以刀尖在我同胞面部刺以「廣東」二字。我同胞被獲者，多爲刺死。如不死者，則將其頭顱割下，置花盆中。現儉德公寓花盆架中，我同胞之頭顱纍纍，似此慘無人道之獸行，實天理所不容也。以上爲逃難歸者所口述，蓋其昔日曾傭於日人家，略懂賊語，故能免於難。

慘哉家破人亡

此次暴日稱兵，侵犯閘北，與虹口一帶居戶生命財產，遭其損害者，爲數何可勝計，實爲空前浩劫。有營藥材業生意之寧波人某甲，今年三十五歲，其眷屬所住地點，在閘北寶山路，適當戰區目的地。甲於本月三日隻身返閘北探望其家，得悉全家八口，盡死非命，因而神經感受刺激，頓發痴癲，罔知適從。於是日下午，至法租界黃浦灘招商金利源十三號碼頭投浦自盡，當由附近舟子見而趕上，設法救起。因身上所穿衣服，內外濕透，身體抖縮不堪，即送至停泊八號碼頭長江班江順輪船鍋爐間內烘救。向詢姓名，年歲，職業，住址，與所執業店號，以備救濟。奈甲因神經已失知覺，祇回答年歲，職業，其餘所言，皆答非所問。旋竟撲上燒紅之鐵板，致週身燙傷。當時經人拖下，尚以爲傷無大碍，仍任其睡臥船上鍋爐間傍，終因火毒攻心，延至六日下午二時身死。由在傍倍伴之小工南京人陳金生報告法捕房，將屍體舁入同仁輔元分堂驗屍所。查無家屬，於昨日上午報請第二特院丁仕奎檢察官蒞所，驗明死者委係生前燙傷身死。經證人陳金生供證當時目見情形一過，官諭屍身交同仁輔元堂收殮，旋由捕房將屍拍照，由堂收殮埋葬。似某甲在一家數口，全死於暴日殘酷手段之下，可勝浩嘆。

殺廠工十三人

滬西曹家渡豐田紗廠工人，因廢歷年底，乃向廠方要求發給工資。詎爲駐廠之日陸戰隊所毆擊，發生爭吵。有工房中之江北人，因呼喊而被陸戰隊捕去男女十三人，均被毆死，計男九女四。旋陸戰隊調去，而廠方乃報告我國六區警署，遂命地保王松生報地方法院檢驗，嗣由沈檢察官等蒞場，驗得該屍等或係槍殺，或係刀斃，情形甚慘。當命地保如無家屬，則由善堂給棺收殮。

槍擊難婦

昨據新由閘北姚家宅川公路逃出難民姚崔氏語國民社記者云。其夫姚根生，本地人，業水門汀工。三日下午三時，日軍用大砲轟擊，頃刻房屋起火延燒，姚崔氏隻身携兩男孩向北逃，適被日兵瞥見，開槍中婦右足。，彈自前膝下打進，由足灣穿出，頓時血流如注，痛不能動。其七歲男孩隨此衝散，祗忍痛手懷嬰孩，再逃至寶興路火燒場旁，露宿五晝夜，粒米未進。昨日（八日）下午三時，始由中國紅十字會救護車送西藏路時疫醫院療治。語時放聲大哭。

被害同胞慘狀

日軍在滬作戰以來，對我同胞，任意殘害，並拘捕禁閉於靶子場日本軍營中，以致虹口一帶，失蹤同胞，不知凡幾。嗣經我市政府及華人納稅會，向公共租界工部局嚴重抗議，該工部局亦探悉屬實，遂於昨（七日）晨派員，與日軍交涉後，當即釋出數十人，但均被日軍刀槍傷害甚重。茲悉皖人韓信福，年三十七歲，住天通菴路，業煙紙店，家有五人一妻三子，均被日軍殺斃。惟韓本人從砲火中逃出後，復被日軍所拘，槍傷胸部。吳新六年四十九歲，左腿受創。吳新德年二十歲，傷右腿及面部。以上三人，均舁送同仁醫院就治。又經工部局派員至日艦上，釋出數十人。有在大馬路惠中充茶役頭目之陳桂玉，年三十歲，手足腿臂均傷，住霞飛路第一七六號。黃麗君年三十五歲，大腿受傷，住寶山路鴻興坊第十九號。王松林五十五歲傷臂部。以上三人，均由工部局舁送仁濟醫院就治，據云傷勢均甚危險云。

擄殺商民

日軍在北四川路一帶，蠻橫不法，慘無人道，達於極點。居民被刺殺鎗斃者，達七八十八之多。其屍身均被滅迹，就地居民，莫不悲憤。因日軍均向北四川路兩旁之商店直衝直入，見人卽捕。計被擄囚於北四川路日本小學日軍司令部者，有一百五六十人之多。該部駐有日軍六七百人，連日我軍大勝，日軍退入租界後，氣燄囂張，竟仇視我國同胞，任意捕殺我良善居民。茲據四川路同福昌號夥友報稱，今晨該處附近商號東夥，又被擄去四人，與昨日無故被捕之十餘店東夥，生死莫白。並謂曾一度與日領交涉，日領諉稱，在此軍事期間，無法探詢云。又北四川路老靶子路有一工人，在馬路上行走，無故爲日兵刺傷，腿骨已斷，經紅十字會救護車救去，性命極危。又下午一時，美國環球影片公司攝影師許果與林克，穿過戒嚴線，攝取活動影片，爲日本武裝便衣隊所見，羣攻之，肆意毆辱。後二美人乘機脫逃，躍入汽車，得免於死。又二十九日下午七時許鴨綠路一千零三十一號沈記雜貨店突有日本海軍陸戰隊兵士敲門而入，逮捕華人沈成章，沈堯卿，黃姓等三人。同時鴨綠路德康木行，華人何雲香，靶子良等二人，亦爲日本海軍陸戰隊兵士入內捕去。直至昨晚，仍未見釋放。聞係日兵捕往擔任苦力工作。又蓬路日人所設俱樂部，近有日浪人專事暗殺華人。該俱樂部門口，日夜有衣華服喬裝之日人，三五成羣，能說華語，見華人經過，每用種種方法，引誘入內，乃動手捆綁，挖去雙目。殺死後，易以日本服裝投之浦江。欲以此作反宣傳，引起各國對我誤會。其殘暴之手段，神人共憤，聞被害者，已有數十人云。

目擊暴行者報告

三十日，日軍突然將北四川路一帶居戶，挨戶搜索，騷擾不堪，並將良民誣爲俘虜，任意虐殺。據目擊暴行者報告，略謂，昨晨七時許，日軍將北四川路北四川里之鐵欄打破，並將儉德公寓大門及後門搗毀，佔據公寓後之老虎灶，作爲臨時俘虜收容所。同時率領譯員便衣隊，分頭衝入北四川里之前後門，挨戶搜索，當捕去男子二十餘人，女子三人，孩童七人，某譯員竟將婦女身畔之鈔洋三十元抄去，全數拘留於老虎灶內，即將男子衣服脫去，全部搜查一過，約半小時後，日軍始將婦孺釋放，男子則由日陸戰隊汽車載往福民醫院旁日本小學之日海軍陸戰隊司令部內，押至二樓俘虜詰問所審問。時先有我國苦力三四人在內，滿臉流血，手背反綁，情形極慘，當時即命全數人盤坐於地，內有一服西裝者，最爲日軍注意，盤問甚久。是人爲粵籍，不懂上海語，審問無結果。卽罰其雙手扶地，兩足挺直，約二十分鐘，腹部不得貼地，否則棍棒隨之。其後逐一嚴審一過，一小時始畢，而慘劇於以發生。當時數日軍押來一俘虜，裝束似小工。而日軍硬指爲中國便衣隊，將其衣服撕去，用二寸徑粗繩索，痛擊其全身，雖力加否認，仍不停止。復時以擊棒球木棍，向手臂兒擊，輾轉哀號，滿地作滾，慘不忍睹。時穿洋服者已盤坐於地，日軍微笑向前，令其起立，速舉雙手，方不虞有他，而木棍已向其背部如雨而下，痛極，暈於地。至十二時，日軍將其餘諸人之手面上，用墨筆畫一黑圈，內書一亞拉伯之八字，復引至對面之俘虜室中，亦先有十餘人在，手面上則均書一亞拉伯之十一字。日軍持一大紙簿，封面爲日海軍陸戰隊司令部，銃殺者（卽槍斃）抑留者（卽拘留）紀錄字樣，卽命令有八字者釋放。下樓後，復有數便衣隊持木棍任意向彼等毆打，而最後之我國苦力，當在銃殺之列矣云云。

外人口述慘事

大美晚報云，德人皮克夫婦，英人克利恩，又愛理斯夫婦，與其兩童，皆寓虹口花園對面林肯里，陷於戰區中五日，歷盡驚險，至星期二日始行逃出。據謂，日人突攻閘北，致令彼等無機遷避，雖曾請諸日當局，而毫無效果。屢圖逃出，非爲便衣日人暴衆所阻，即爲日水手以槍刺逐回。星期二日因鄰宅起火，彼等遂決意於死裏求生，急取可攜之物，冒煙奔出，行至日人防綫，舉手而行，是時不知生命能否可保也。幸遇一日友，乃得援脫險。皮克曾由其本國領事囑其勿以一切情形告知報館，故不肯洩露其窗中窺見之慘狀。克里恩尙未晤其領事，星期三晨，曾述其五日中所見慘事一二，聞之令人心酸。克里恩曰，滿街死屍縱橫，餓犬爭噬。犬集甚多，故不能見屍。吾人開槍驚之，但犬仍不散。吾人見黑影蛇行入一室縱火，室中華人由煙中奔出，即遭轟斃，死屍橫地，有男，有女，有孩童。對街有一華人商店主婦，抱一嬰孩，正欲離店，即遭轟倒。次日視之猶緊抱其孩，臥地呻吟，遂由吾人之華僕趨出，舁入一室，而照料之。吾人行時，母子尙生。華人欲圖移屍去者，輒爲日人用來福槍與機關槍轟擊，致死屍當街，任令羣犬聚噬。日人非常殘惡，遇見華人，或棍擊，或槍戳，或彈殺，卽孩童亦不能倖免。某外人曰，余認識行暴日人中，有上海義勇隊日本隊隊員數人，彼等服務於銀行商行，往日余曾與之有商業接洽，彼等亦識余，見余攜行李踉蹌避開危險區域，向余作種種非笑。諸外人寓虹口多年，華人從未與之稍起齟齬，當日變起時，外人甚感糧食缺乏，隣居華人，多冒險送米肉等食品救濟吾人，且送煤炭以供取暖之用，其盛惠殊可感也。七外人離家之時，爲附近諸屋濃烟所包，故彼等皆信所有產業，今已悉付一炬矣。

日軍濫拘華捕

此次暴日自北火車站戰敗後，對於華人尤加嫉視，並慮此次師出無名，遂於前晚向虹口浴室，大捕浴客。其時交通斷絕，路人皆暫以該浴室爲臨時寄宿之所。詎至半夜，忽來大批日兵，將浴客用蔴繩捆縛，驅至虹口日兵司令部。其中有一匯司捕房一七五三號華捕，因落差不能返家，亦至該浴室洗澡，致同被日兵捕去。現據該捕聲稱，日兵始將伊等用汽車載至司令部外口，見有大批日裝死人，裝在蔴袋內，運往日輪，該捕亦不以爲意。詎知旋有日兵又令其改換日本裝，令飲黃色迷混藥酒一杯。幸該捕機警，暗中吐去一半，故尙有知覺。其時適遇本捕房西捕頭路經該處，遂大聲呼該西捕援救，詎西捕頭見係和裝，疑爲華人故意改裝擾亂日人後方者，不允援救。當經該捕聲明，並指出褫去之制服所在，始知非虛，遂與日人交涉，方得釋放。但該捕已飲有迷藥酒，且受驚過甚，兩足無力，不能行走。當由西捕頭喚路過之汽車，載之出險，幸免於難。又同時虹口捕房一七八九號華捕，亦被拘去，飲以藥酒，現雖獲救，但中毒已深，刻正在捕房醫院醫治，以上兩華捕未遭慘殺，亦云幸矣。惟其餘被害華人，爲數甚夥。據聞日人此種行動，其目的爲誣害日人，激動日本民衆反對我國之設施云。

迫華人揮日旗

大美晚報云，今晨（二日）蓬路靶子路附近立有華人數十名，手持日旗，一攝取新聞圖畫之日人，向之攝影。是時適有一葡人經過，由日兵攔阻，驗其通行證，該葡人深以華人公然作袒日表示爲異。乃一經窺覘，恍然大悟，蓋數步之外，有日水兵若干人，以槍刺指華人，口呼『搖旗』不已。

砲擊紅十字會

萬國紅十字會中國紅十字會，爲各國公認之中立機關，依據日來佛條約，得於戰時救護重傷兵民。二十八日，曾由中國紅十字會秘書及醫師王振川等，至車站救出傷兵數名。三十日午前十一時，秘書靑偕同義務救護員董心琴，義務醫師張竹君等，帶同看護夫役人等，由愛而近路與義客棧後門入內，前門出外，正擬赴車站搬運傷兵，先將紅十字旗幟二面搖擺。詎日兵見有紅十字旗幟出現，由老靶子路寶山路口向西急擊二彈，董等急速退臥，致未命中。中國軍隊急搖手阻止紅十字會，勿向前進。查各國曾受敎育之軍隊，决無有向紅十字旗幟射擊。日軍於昨日以炸彈炸燬插有紅十字旗之傷兵車，今又向紅十字會救護隊加以射擊，如稍受敎育，决不爲此。不知曾簽訂日來佛條約之同盟國，作如何處置也。

槍擊紅會車

中國紅十字會三十日上午十一時，派救護車營救閘北方面之傷兵及負傷難民。行至界路，爲駐守北河南路之日兵連發兩槍，該救護車，仍復駛回。

槍擊紅會人員

中國紅十字會第二救護隊隊長薛振翼，於一日上午九時，率領隊員十八開出救護車，至火線救濟傷兵難民等。出發時，分二路進行，一路向梵王渡中山路至青雲路前線，當救得槍傷兵民四十餘人，即送海格路紅十字總醫院。一路至閘北寶山路商務印書館附近一帶。甫近防線，遽遭日兵射擊，雖高懸紅十字旗，日軍竟不之顧。計受傷者，有司機王敦富腿部，隊員王志芳左膀，紀文衞頭部，危險異常。當卽送至海格路醫院。聞紅會方面，以日軍如此不顧國際公法，昨已電告日內瓦世界紅十字總會，請轉告各友邦主持公道。

紅會人員被捕

紅十字會隊員，三十一日午於眞如救護傷兵十名，受傷人民二人。當紅十字車，經逢路日軍第三道防線時，有隊員四名，爲日軍拘去。市商會童子軍四人及車夫暨中國紅十字會職員等共六人，於一日雇車赴北四川路援救中國紅十字會某職員家屬。因該車無紅十字會旗幟，遽遭日軍強擄而去。雖經紅十字會一度向日領交涉，然迄未釋放。恐無生還之望。

日機殘毒可恨

哈瓦斯社十一日內瓦電，日本飛機在上海閘北轟炸災民收容所，致有死傷一事。經中國水災救濟會德幹事英國人辛博森，函達該會主席宋子文，幷電達國聯會秘書長德魯蒙，此電頃已遞到。其文如左：敬啓者，閘北災民收容所，截至一月廿六日爲止，共有災民一萬〇三百九十九人，職員四十九人。一月廿九日，日軍第一次砲擊閘北之後，災民逃走者二千人，留而未去者在八千八以上，食宿照常。二月五日收容所被日本飛機轟擊炸死婦孺各一名，受傷者四人，尙有患病正在醫治災民若干，驚駭致死，大部份災民業已逃逸，其遺留收容所者，爲數不過數百，大都爲患病或老弱不能逃走者。次日日本飛機又轟炸收容所，事後察出災民屍骸四十八具，其中大半爲患病正在醫治者，其生存者遷往他處。二月七日日機又來投彈，收容所內災民至是遂完全搬出。當照料人員方擬離去時，日本機忽又飛回，重擲一彈，將收容所左近之房屋炸毀。鄙人曾向日本總領事提出抗議書，謂此種舉動，似無必要，且決不合於人道。鄙人並謂居住收容所之人，均係水災區域流離失所之災民，向此等地方施以攻擊，在軍事上實無任何利益，其惟一結果，僅使五十多名完全無辜之人犧牲生命而已。

又日機轟炸彈，災民收容所，杜延年等亦有詳細報告，茲錄報告書如下：朱將軍（子喬）慈鑒，日本海陸軍攻擊上海之後，職等自一月三十日起，曾每日前往閘北邊境水災災民收容所視察。至二月七日，日本飛機第三次向收容所抛擲炸彈，最後遺留之災民，盡數救出。茲將經過事實臚陳，敬祈鑒察。（一）日本攻擊上海以前收容所狀況，（根據一月二十六日之報告表）一、第一收容所之災民人數七四四三。（成人男二五四八，女二二二二，兒童男一六一三，女二〇六〇）。二、第二收容所之災民人數一〇二七。

（成人男四〇五，女三二〇，兒童男一七八，女一二四○）三、收容所鄰近臨時災民居留處人數一九二九。總計以上災民，人數一〇三九九，收容所職員人數計共四九人。（二）日本攻擊上海後第二日，（一月三十日）一、災民逃亡者約二千人，尚有八千人留收容所食宿。二、國府救濟水災委員會，及上海市收容災民委員會派陳君文奎等至收容所視察。三、臨時救濟會送來麵包食品一車散放。（三）日本飛機於二月五日擲彈炸收容所。一、日本飛機於是日午間擲下大炸彈二枚。二、一婦人同一男孩當場炸斃，四人受重傷。三、有些患病災民，因驚駭致死。四、多數災民不顧飢寒危險，四散逃命。五、在收容所遺留之災民，爲數不過數百，大都老弱患病者，因恐逃出亦不免餓死也。六、職員僅極少數，尚留收容所。（四）日本飛機第二次彈炸災民收容所。一、職員已盡離收容所。二、蓆製之收容所，被炸壞數處，但幸未被焚。三、收容所內有炸彈轟炸之大坑二，其一深約七尺，徑約二十餘尺。四、在收容所覓見死亡災民四十八具，多數皆係醫室之患病災民，當由杜紹彭與王子元二君監督，掩埋於收容所鄰近之空地內。五、餘剩災民載至公共租界二卡車。（五）日本飛機二月七日之拋擲炸彈，與災民收容所之最後運命。一、二月七日下午，再至災民收容所各處覓查，所得先一日遺剩待救之災民，不及二十八。二、此餘數災民，當卽運回，而災民收容所因以空虛。三、在下午三點鐘時，吾人將離收容所之時，目見日本飛機之來，及擲炸彈，將災民收容所鄰近之民房炸壞。報告人杜延年，陳文奎，江尙青，季元。

日艇撞沉民船

七日上午十一時，由吳淞駛來難民船一艘，行經楊樹浦江面，被日艦近之哨船，迎頭撞覆。船中三十餘人盡落水中，當經附近之小舢板，設法打撈得救二十多名，餘均不知下落。而肇禍之日哨船，竟掉頭不顧而去。

死裏逃生者自述

其一

淞滬路天通庵站站長王其昌君，此次被日兵再三殺害，倖得脫險，萬死一生，危險之狀，間不容髮。王君在紅十字會醫院中對大美晚報記者述脫險經過，甚爲詳盡。王君言時，中英語並用，第一語卽曰因職務所關，不敢擅離職守。星期四（二八）晚十一時三十分，忽有日本唐克車三輛，陸戰隊二百餘，衝入七號閘。查彼等係由日本花園附近日本大本營車站後方而來，王君立刻走往隔門公事房，以電話通知北站中國軍事當局，謂日軍攻襲。蓋王君深信在站僅伊一人與打旗手更夫，日軍未必看着。日軍襲攻閘北約十五分鐘後，見日陸戰隊三十餘名，襲入六號閘內，亦在站之附近。彼等破門衝入，王君遂與旗手更夫躲避一方。乃更夫見日人衝入，凶惡萬狀，手持刺刀步槍，更夫懼甚，欲圖逃去。王君自思更夫或可逃免，不然則同歸於盡，被日軍槍決矣。當時日軍押王君與旗夫至日本軍營時，王君幷未見日兵追捕更夫。迨王君與旗夫行抵日軍範圍時，有一日軍官令彼等行至距十餘尺之沙包處。抵沙包時，已魂飛天外。細察之下，見彼處有日陸戰隊約五十名。日軍官命其中十名，負槍向前而來。驟然間日軍官命舉槍瞄準，向彼等射擊，兩人遂魂不附體，徒呼奈何。日軍官抽出指揮刀一呼，十粒利彈，同向王君暨旗夫前齊發。既畢，王君一視旗夫已死，而自己尚生，僅左臂骨折斷，險哉。十槍同向彼等射殺，而不中要害。王君乘機擬向閘北逃生。僅行約五十尺，欲出閘之際，又被陸戰隊二人拿獲，中有一人，急以槍向王君射殺，此時右臂骨射斷。該兩陸戰隊以爲射中要害，遂離之而去。王君忍痛久守，繼而起立，見兩手已無自動機能，更向閘北方面逃去。前行不遠，遇一小溪，遂渡涉而至對岸，此時創部血如泉湧，小溪盡赤色。抵岸，見有土房一處，遂匍匐而入，稍事休息。此晚即躲避於此。至次日中午，日機放彈，土房被燒，又忍痛前行。約過兩重圍墻，見我軍適與日軍抗戰，幸兵士均同鄉，遂告王君速赴醫院。同時遇一德國人，伊因事欲赴四川路。該德人博愛爲懷，見王君所有衣履，均被日人掠去，僅遺單褲附身，給以一元，囑僱洋車赴廣東醫院調治。王君乘此車於槍林彈雨中，歷有四小時尋找醫院，迨抵院則院內已無人。又擬回北站，僅及站之附近，見我軍在浙江路與日兵開仗，軍士見彼勸勿前進。此時不知何去何從，祇期從速離開閘北，遂向新閘橋行去，以便渡河赴叔家。抵河時，無舟可渡，幸逢同事二人，帶往大沽路普益十字醫院。醫士將創部綁紮，即在該院過一夜。見有無數傷兵，在普益醫院，均勇敢奮發。嗣由此院轉送紅十字會醫院，連日未思飲食，祇求逃生而已。計兩整日夜忍痛奔走，祇有薄褲附身，苟非從來壯健，早已身亡無疑云云。

其六二

甬人蒯增福，年三十二歲，住居虹口廣東街，自閘北方面發生戰事後，未及逃出，祇得蜷伏屋內。至本月二日下午四時許，突被日兵破門而入，押至日本小學校內。直至六日，始得工部局派員前往救出，眞所謂虎口餘生。據云，余（蒯自稱）自被日兵拘至日小學校時，同胞之被押在內者，約有三四十人。迨至傍晚時，陸續被拘至者，共有一百餘人。先由日兵，逐一將余等手足捆縛，並用白布（約長三寸）條，上書號碼，扣於各人胸前。余第四十一號，被押一宵，至翌晨押登卡車，解送至匯山碼頭，將各人拋擲於預停之大鐵駁船上。斯時被難同胞，均倒臥疊積船中，監視之日兵，時用槍柄刺刀亂擊亂戳任意兇害。於是血流淋漓者有之，遍體鱗傷奄奄垂斃者有之，並有年約八九小孩啼哭大呼父母者。悽慘之狀匪筆所能形容。至四日上午，又被日兵押同登岸。日兵聲言概須槍斃。當時被難同胞，均知死在眉睫，有十數人卽乘間投入黃浦。詎余被日兵拖上岸時，胸前所扣之號碼布條，忽然遺失，並不押上汽車。余已魂不附體，呆立岸畔。見各日兵紛將胸有白布條者，押上汽車，運去槍決。(地址未知)惟余因無白條，並不押去。約逾半小時許，(時被難同胞均已裝去)忽然另有二日兵，仍押回船中。後又陸續被拘至船中者，約有六七十人。其時余已知覺全失，痛苦饑餓，毫無所覺。直至六日下午，始由工部局派員到船救起，車送捕房。七日上午，始得釋回，至法租界親戚家，得以家屬重聚，略進稀粥。睡臥三日，昨始起床食飯。惟神經已受劇傷，一時不易回復，然亦可謂不幸中之大幸矣。

其三

日兵於七日下午，由水陸兩路大舉進攻吳淞砲台灣時，滬淞路蘊藻浜及張華浜兩站，因軍工路在其左右，又適臨浦，頓成戰事重心。該蘊藻浜站站長紀有清，售票員葉科慶，因死守車站，竟爲日兵所槍殺。收票員張景殷失踪，迄無着落。日班站長瞿鶴孫，歷盡千萬辛苦，始得脫離虎口，經一夜之奔走，乃得於昨午抵達本埠，情境甚爲狼狽。爲述當時日兵進攻蘊藻浜，及種種殘酷行爲，至爲詳盡。爰將瞿君所言，紀述如次：余（以下仿此）係蘊藻浜站站長，與紀有清站長同事。在一月二十八日，日兵進犯閘北時，淞滬線客車卽行停頓。但我輩以雖無公可辦，處境危險，但身爲一站之長，在未奉上級准予離職之前，理應在站守候，維護車站，故余等始終未離車站一步。嗣日兵向我砲台開砲，雖有流彈到達站內，但余等亦不以爲意。詎至七日下午一時許，忽得悉有日兵運至張華浜站，同時車站東之糧米棧，亦有日兵登岸消息。未幾果見大批日兵，由糧米棧及軍工路會合，超越鐵路，向蘊藻浜車站而來。同時日艦卽向我砲台開砲轟擊，我砲台亦還砲，蘊藻浜與吳淞鎮間之大橋卽炸斷。余等處於砲火威逼之下，乃急向車站低窪處奔避。日兵見橋已斷，乃首將車站佔領，旋向南泗塘河黑橋我軍陣地進攻，未幾敗退。又竄往徐家灣侯家橋，寧家宅、進攻，又爲我軍擊敗。我軍卽行總攻，同時砲台方面亦用砲助戰，於是蘊藻浜站，乃爲雙方砲火焦點。當日兵進佔車站，向黑橋方面偷襲時。沿途一帶村內居民，均爲日兵所逐出。見有衣冠楚楚者，即予槍殺。或以刺刀在其週身亂戳，或拘禁糧米棧內，令作苦工。女者則任意調笑，並令其爲之造飯，稍一猶豫，橫暴頓加。孩提等均爲其刀下犧牲品，哭聲震驚四野。而日兵尚尤以爲未足，將民房全部縱火焚燒，因此哭聲與槍聲，砲火與火光混爲一團，聲光莫辨。余等不覺爲之揮淚，奚料禍之將及於眉睫。嗣日兵見我軍反攻甚烈，而援軍又無，乃節節敗退，向張華浜方面敗去。但在車站之日軍，尚在搜索，余等伏處，當爲所見，日兵即舉槍轟擊，紀站長腹部被中一彈，鮮血直冒。余等見難再忍，乃即携眷及紀站長夫人挺身而出。當時紀站長神志尚清，一再催促余等速離危境，並謂本人生死可勿顧慮，但求去後代爲棺殮，妥將寡妻送至家內，以安我心。余以事機危迫，乃祇得含淚應允，未幾紀站長即氣絕殉難。余及眷屬紀站長夫人等共七人，於出地窖後，即被日兵綑縛，解往糧米棧。中間售票員葉科慶，乘機向我軍陣地脫逃，日兵在後追趕不及，乃又以槍殺害。余等在暮色沉沉之下，尚遙見葉君受槍倒地。余等被押至糧米棧後，日兵即開始向余等身上搜查。雖一錶之微，亦被搜去沒收，一身衣服，亦均爲剝去，祗剩單衣單褲，並屢屢拷問。日兵欲置余死地者數次，惟同拘女眷，則始終未犯。如是者一夜。至八日，余乃與一形似軍官交涉，命其將紀站長夫人釋放，初不允，至下午六時許，始有一日兵傳命，將余等七八全行釋放。余等即倉慌出走，適値天雨，道路泥濘，一步一蹶，又以二日未進滴水，覺遍身無力，舉足重似千斤，女眷扶老携幼，倍益艱苦。而余又因衣僅單衫，中途戰慄而蹃者十餘次。因此滿身汚泥，而女眷自足至踵，以及衣服，亦全被雨雪所透濕。在黑夜間，因不辨方向而奔走者又一夜。至今日（九日）天明，始達滬東，脫離虎口。惟車站已被日兵付之一炬。該站收票員張景殷，於奔避時失踪，迄今無下落。而紀站長之屍身，恐將不及棺殮，同被日兵所燬矣。瞿君言述至此，尚唏噓不止。後悉兩路局長陳興漢氏，已爲安頓再謀善後，並設法收殮紀站長屍身云。

第四章　日軍破壞租界中立與我方之抗議

自上月二十八日，日本陸戰隊，悍然不顧一切，圖襲華界閘北後，其進退皆以租界爲根據地，以箝制我軍之進攻。查公共租界自一八四三年十一月十七日成立以後，至本年一九三二年，中間經過，凡八十九年，公共租界始終保持其中立權。卽此八十九年中，凡國際間發生戰事，或爲中國與外國，或係外國與外國，此外國卽係公共租界有關係之重要份子，每次對於公共租界及上海口岸之中立權，皆能遵重不逾。例如一八八四年至一八八五年間，中法東京之戰，首先正式承認上海口岸公共租界之中立權。此後一八九四年至一八九五年間中日之戰，及一九〇四年至一九〇五年中俄之戰與一九一四年至一九一八年之世界大戰，凡三次國際戰爭，上海公共租界有關係各國，無一次不承認其中立權，絕端加以尊重。乃此次日本軍隊，依然以公共租界爲進攻之出發點，作爲根據地，時向中國軍隊襲擊，其破壞中立，實開公共租界未有之創例。故日本此種暴行，不但藐視中國，卽對於各國之輕視態度，亦已完全暴露無遺。而租界當局，對於日軍之侵犯中立，毫不加以制止。是此次日人之暴行，亦租界當局及各國有以縱容之。茲將我方對於此事之各項抗議彙錄如後。非徒以暴日人之兇殘陰很，亦以見租界爲禍之烈，而主權之不可他操也。

市政府爲日軍破壞公共租界中立致工部局抗議

逕啓者：查自本月二十八日夜，日本軍隊進攻閘北以來，迭次攻擊時，均以租界區域爲根據地，與貴局所稱嚴守中立之主旨不符。乃貴局對於日軍隊，破壞租界中立之舉動，未聞有任何制裁表示，殊深詫異。相應提出抗議，請煩查照，迅予設法制止，並希見覆爲荷！此致公共租界工部局總董麥諾登。（一月三十日）

納稅會望工部局解除日武裝

逕啓者：日本軍隊，對於國際公約公法，已視同廢紙，早於去年九月十八日侵佔我國遼寧吉林兩省各地以後，在在可以證明。爲防微杜漸起見，於日人在界內迭次暴動，本會曾連續不絕，警告貴局，并表示在貴局於事實上，未能充分維持治安之際，本會有法協助。詎料貴局對於此種警告，視爲無足輕重，且聲明界內治安，絕對不成問題，而今如何，貴局當知悔矣。日本陸戰隊破壞貴局中立地位，將界內虹口一帶，作爲軍事之策源地，進攻我國閘北駐軍，業經我國董事抗議在案。本會爲領土主權計，爲居民利益計，對貴局提出抗議，（一）爲何不嚴守中立，執行維持中立之必要辦法，如（甲）解除租界內日本軍民之武裝，（乙）制止日本軍隊之戰爭行動，例如日本在歐嘉路等處之開掘壕溝，勞勃生路等處日本在租界內紗廠等之駐屯軍隊，（丙）不許日本軍登陸。（二）爲何自無維持安全之能力，不就近請由中國當局派兵協助。在本會觀察最近之以前及現在，祇有此法，足以掃除破壞上海世界商場之危險，並陸地上日本軍事行動，爲能制止其空海之軍事行動，盡利害相關者之力量，必能制止。（三）現在界內全體居民之生命財產，均在日本軍隊破壞之中，殺人放火，日有數起，此皆由於不尊重本會意見，姑息養奸而起。(四)曾有一次董事會，未經通知華董出席，而日董則否，顯見有所偏袒，自行不守中立，更使日本狐假虎威。當此事機危迫，稍縱卽逝之時，上海之安全，上海之繁榮，上海之人生命財產，皆係於此一剎那間。貴局如與我國當局合作，固所願也，否則我國政府與人民，爲維持世界和平與繁榮與國際公法公約之效力起見，已下積極奮鬬到底之決心，而我上海全體居民，本於死中求生之志願，惟有採用種種正當辦法，以維本界內之安全，並以完整我國之主權。相應函達，希煩查照，卽予施行，並希見復爲荷。此致工部局總辦。(一月三十一日)

市商會等向工部局抗議戰禍延及租界

逕啓者：查日本海軍陸戰隊，於一月念八夜半，以其擔任維持安全之租界區域，爲對於我國駐軍實施戰爭之出發點，固已破壞上海公共租界之中立。而據最近消息，戰區已蔓延至租界範圍以內，是租界內人民生命財產，業已陷於極端危險狀態。日軍陸戰隊，不獨不能負維持其區域內安全之責，且爲危及租界全部治安之工具，至爲明顯。貴局事前既毫無消弭之術，事後絕無補救之方，殊負吾納稅人付託貴局維持界內治安之職責，至爲痛心。除已先派代表，攜函向貴局陳述外，爲此提出嚴重抗議，並希貴局即日令行防區內所管軍警，先行解除日軍武裝，以維治安，仍請查照辦理見復爲荷！上海市商會，銀行公會，錢業公會，交易所聯合會，航業公會。（一月三十一日）

市商會函美總領抗議

逕啓者：案查公共租界，爲我國與各友邦人民畫定之通商區域，在性質上既非一國所能獨擅，則各友邦領事自應恪守兩國通商條約，於維持界內商民治安以外，並應顧及駐在國友誼關係，不得於任何一國以軍事上之便利，與駐在國爲敵對行爲。此實爲條約上及國際法上應予之義務。就上海之日本海軍陸戰隊而論，自該國向上海市政府提出最後通牒而後，已成對峙形勢，立於戰爭狀態之下。日本雖爲公共租界內之一分子，照通常事理而論，有協助維持界內治安之責任，然不應不顧及當時嚴重情勢，將與中國防區毘連最緊要之一段，讓歸日軍駐紮，致予以進攻中國軍隊之便利。蓋此項軍隊防區支配辦法，係各國公同議定，非友邦之同意，則日本軍隊斷不能自擅將租界內最緊要之地點移於其支配之下也。非特此也，當一月念九日，日本海軍陸戰隊進攻中國軍隊，未能得手之後，重行退入租界，此時各友邦所採手段，以國際通例而論，祇有兩種：(一)不許其重行退回租界。(二)解除武裝，予以收容。蓋此時之日本軍隊，已非復爲協同維持租界治安之一員，而爲與中國敵對者之一方，彰彰甚明。公共租界欲維持其中立之地位，不得不採取適宜之處置。乃公共租界當局，事前既將其界內最緊要之一段，讓歸日軍駐紮，事後復許其從容整隊，退回租界，爲重行進攻之準備。此種措置，顯然違反公共租界中立之性質，妨及各友邦與中國友好之關係，敝會等不得不代表上海全市中國商民，向貴領事對於各友邦此項舉措提起抗議。併請會商租界當局，暨各國駐滬艦隊，採取中立地位應有之措置，將駐在租界內之日軍速予解除武裝，以維治安，至爲公企。(一月三十一日)

市商會請工部局解除日警鎗械

逕啓者：查日本海軍陸戰隊，自一月二十八日，在閘北向中國軍隊挑釁以來。所有日本寓滬之商人，多組織便衣隊，私藏鎗械，向中國良善市民，肆行屠殺。或將其人私行綁刼，暗中處死。生命財產因之喪失者，不可數計。字林西報所紀日本便衣隊兵在界內之暴行，及華人受害之情形，恐不足盡其十分之一。然即此一端，已足證明日人蔑棄理性，仇殺華人之舉動，已使貴局維持界內治安之權能，根本搖動。雖據稱有數處被美兵查見，立時予以制止。然日本寓滬商民，人數衆多，其活動範圍，又至爲廣泛，隨時隨地，對華人肆其仇殺，斷非僅恃少數在界內巡邏之友邦兵士所能預防。租界當局，對於此等日本人，携帶鎗械，組織便衣隊之行爲，既無取締式肅清辦法。則界內中國市民，惟亦有許其無限制自由携帶鎗械，不受貴局通常規則之拘束，以便於日本便衣隊仇殺華人時得起而自衞。如果貴局萬一不能接受此議，則無異容許日人有隨意屠殺華人之權，其事變之重大，恐有不忍言者，諒非貴局對於界內居民，一視同仁之本旨也。再界內警察，係受貴局之管轄，以維持治安爲職務。如欲參預其本國戰事，卽應將警察職務，即行解除。乃自閘北戰事發生以後，租界內之日籍警察，類多與便衣隊取同一之行動，實違反其對於貴局應守之紀律，而予華人以絕大之威脅。惟所以造成此種現象者，實因貴局於此次事變之際，竟將華捕槍械悉數收繳，而日捕槍械則仍許攜帶之。故是以敝會之意，以為貴局對於界內日籍警，亦應將其所携槍械，速即一律收繳，方為正辦。務希查照，即日分別辦理，是為至荷。(二月一日)

戰區難民救濟會函工部局救護虹口慘狀

敬啓者：敝會為尊重人道主義起見，謹將虹口負納稅義務的中國居民所身受不堪言狀地獄式的痛苦，向閣下言之。在虹口之居民，在正理上應當享受行動自由，交際自由，一如在蘇州河以南無異。當初佈防，將虹口及其他區域，劃歸日人者，因為日人住居該處者較多，不過若華人，絕不應因此而喪失凡文明國人民皆應享受而不能絲毫為人侵犯之權利者也。目前虹口居民所受之絕大痛苦，雖天神亦不免為之下淚。一面砲聲隆隆，不絕不耳；一面目擊附近同胞被日軍疑為有便衣隊之嫌，任意拘捕槍殺；一面又有火災之危險。故萬分恐怖，家破人亡者有之，財產失而不能復得者有之。虹口華人所犯何罪，而受日本便衣隊及日本兵士之蹂躪？今華人失踪之案，迭出不已；加以在日人管理之區，恐怖行爲，層出不已。使全球對於租界之中立，認爲莫大笑柄。本會總幹事李組紳，與貴局總辦瓊司，自本星期一起，即開始討論此事，要求必須從根本解決，俾各方面皆能顧到，設如遲延一小時，便能加增該處中國居民身體及精神上之痛苦。駐滬外僑，爲保護自己生命財產，調遣兵艦及軍隊來華。敝會既得悉虹口發現如此空前危險情形，當然受良心之驅使，請貴局用種種方法，將此種恐怖之狀況，根本完全消滅，敝會與貴局能有合作之處，無不惟力是視也。切盼即日示復爲荷。（二月三日）

市商會函工部局及五華董請撤退日本駐軍

逕啓者：日兵占據租界要區，爲進攻中國軍隊之根據地，侵犯租界中立，租界當局，毫不予以制止，迭經敝會向貴局嚴重抗議在案。茲査此項侵犯中立情形，貴局非惟不予以制止，且日益聽其進展，聞之實堪駭異。蓋北山西路與北河南路，當初劃定防線時，本另派軍隊駐守，並非歸日本管轄。乃日軍於進攻閘北未能得手之後，爲軍略上之便利計，將該兩段防線，亦一併占據，而原有駐紮該兩段之軍隊，貴局竟亦許其讓防。似日本爲便利其侵略計，在租界以內，任所欲爲，無復絲毫限制，各國公共之商場，不啻變爲日本之要塞，實開租界未有之紀錄，損及貴局之尊嚴與地位。而貴局非惟不取有效之措置，且事事曲徇其要求，此則敝會爲界內華人生命財產之安全計，不得不向貴局再行(請台以華董之職權向工部局)提起嚴重抗議。應請貴(責成工部)局另派軍隊換防，令佔駐之日本軍隊，速行退出，此爲貴(工部)局保全其條約權利惟一之職責，無可推辭。至蘇州河一帶，裝置鐵絲網，其結果祇有置難民於絕路，無所逃避，而於制止日軍之侵入，毫無益處。蓋日軍既已在界內充分發揮其軍事權威，則鐵絲網之裝置，非限制日軍，而適以限制難民，事之輕重倒置，無逾於此。應請貴(惟希向工部)局將此項裝置，速予拆除，俾遇有警急時，界內人民，得以逃避，不致倉猝受阻。貴(工部)局爲顧全人民生命計，應毫不猶豫，立即允其所請也。(二月三日)

市政府向工部局重提抗議

逕啓者：查關於日本海軍利用租界區域，爲攻擊華軍之根據地一節，迭經本市長向貴局提出嚴重抗議，並促請制止在案。現據確報，昨日有大隊日軍抵埠，係在租界登岸，登岸後，卽散佈租界各處，爲攻擊華軍之準備，而危害本市之治安，乃貴局猶復加以優容，殊難索解。相應重提抗議，請煩切實考慮，採取有效方法，嚴加制止，實紉公誼。再據報一二日內復有大批日軍來滬，並希注意，勿得任其在租界登陸，以維持貴局嚴守中立之宣言，免重貽本國人民之誤會爲荷。（二月六日）

納稅會函工部局請設法制止日軍在租界登陸

逕啓者，准上海市民聯合會第十七區分會函開：日本憑藉公共租界爲軍事根據地，劃蘇州河以北，爲日軍作戰行動之範圍，蹂躪商場，焚燒民房，殘殺華人，窮兇極惡，無所不至，爲文明世界所罕有。覯其種種暴行，已駕於共產黨之上。敝會會員，地屬北四川路，首當其衝，損失之大，毋待筆述。惟工部局係負有地方治安之職者，不能預防於事先，事實上難辭其咎。前謂實力單薄，不能不忍痛待援，尙情有可原。邇來英美各國，已有相當軍隊，陸續到滬，則租界上既已有充分之準備，卽宜力謀救濟方法，實施中立，以維我東亞第一商場。倘長此遷延，我國商民，雖遭重大損失，各國亦必因此發生經濟上之恐慌，當亦爲各國所不取也。然治標必先治本，日本所以能如此猖狂蠻橫，皆以軍艦可以任意到埠，軍隊可以任意登陸。最近如滙山碼頭日軍，肆無忌憚，自由登岸，工部局卽宜阻止，使其接應間斷，軍事不致擴大，租界方得保持原有地位。否則日軍源源而來，戰事延長，萬一租界發生危險，工部局是否能負完全之責？相應函達，請貴會緊急致函工部局，嚴加防範，立刻執行中立辦法，恢復商業等因，准此。查貴局二月五日第五九七七號惠覆，業已奉悉，又讀貴局覆上海市長函，足見貴局對於日本軍隊之蠻橫，已漸了解。惟在此數日之間，日本大批軍隊，源源繼續在滙山碼頭上陸，是其存心擴大戰爭侵略之範圍，已可概見。而對於貴局之地位，與其關係國領事及政府之抗議，完全蔑視。本會以爲如再任日軍蠻行而不卽予制止，八十八年中外人士所慘淡經營，而欲維持於不敝之上海繁榮，直接間接，均將爲日本暴軍所破壞，歐美與中國之商務，必將臻於萬刼不復之境。准函前由，相應函請貴局，並轉告有關係各國，放大眼光，迅採有效辦法，制止日本之破壞東亞和平，以維世界經濟，勿謂蘇州河以南彈丸之地保全，即所以保全各有關係國與中國之商務也。至希查照辦理爲荷。（二月七日）

市政府函各國領事制止日軍行動

逕啓者：查關於租界當局容許或不制止日本軍隊利用租界區域爲攻擊中國軍隊之根據地一節，本市長節經向公共租界工部局提出嚴重抗議，並聲明所有因此而發生之一切責任，應全由租界當局負擔在案。惟租界當局雖明知日本軍隊之上述行爲，足以破壞租界中立及危害本國人民之生命財產，迄今尙未採取任何有效辦法，加以制止。本市長不得不請貴總領事及其他各國總領事，嚴飭該工部局，即予採取有效辦法，以制止日本軍隊之上述行爲。同時鄭重聲明，如本國軍隊爲自衛起見，對於利用租界爲根據地之日本軍隊，施以攻擊時，各國僑民之生命財產，受有損害情事，本國政府，槪不負任何責任

，除分函外，相應函達，請煩查照為荷。（二月八日）

納稅會函工部局迅即執行中立辦法

逕啓者：據惇敍銀行經理函稱，昨日下午十二點半左右，敝人正與行中同事辦公。突然之間，駐於天潼路乍浦路轉角之日軍，及便衣隊等向吾行屋開槍十數次，彈來如雨。敝人不知其故，特率行員離開暫避。並查知日軍開槍之故，係因四樓上同居之華茶公司職工擲茶葉着於日人項上之故。敝人待槍聲靜後，再至行中將各處門戶庫房重新鎖閉，並安排留行管理人司，於下午一點十分左右帶領行員七八人由旁門出外，當被日軍阻止。經鄙人向便衣日人用英語交涉，當由彼方偕同一日本下級軍官，向我等全身檢查，約歷二十分之久。內中有本行會計主任蔡良觀君頭帶絨帽，彼方認作擲物之人，同時並有一居同屋中之琅禮公司職員郁君，彼將此二人帶去，囑我等離開。敝人雖經交涉，日人不理。因在其强權之下，祇得聽其將該二人帶去，我等各自逃出，在外四出設法。今晨同事蔡良觀君面告，謂彼二人由日軍帶至乍浦路蓬路口一小學校內，見該處已有千數百人均被日軍提來，內有被吊打者，雙手反縛者，高懸被毆者，坐地縛手者，形形色色，慘不忍睹。彼二人經種種之檢查，詢問各種口供，雙手反縛，自下午二時起，忽立忽坐，轉換地位。至晚間九時左右，始得日軍之允許，彼二人偕同其餘被虜之人，約二三百人，由日軍帶出至天潼路口，再經一度之檢查，方允分路逃出。蔡君當至吉陞棧投宿，於今早至敝人寓處詳細報告，又謂其餘未被放出之數百人，生死未卜，當時並目見有四人被日軍拽出槍斃。（內有一人，係兄弟二人同時被捕，一人被放，一人被斃，亦云慘矣。）又當敝人等離行，後於二點半左右，由日軍至行，將留守本行人員，均行驅逐，樓上寄寓八口，亦不許住居，各人祇得逃走。敝人至今，尚不知各人所在何處，行中門戶有否被日人打破，物件有否損失，均不得而知。又聞武昌路，三元宮內，亦有我華民千餘名，被其携禁，生死未知云云。查吾人在租界上納重額之稅，乃竟欲得工部局之正當普通保護，尚不可能，致生命財產，在在可危，此豈市民始料之所及。請貴會從速與工部局嚴重交涉，將虹口一帶區域，恢復從前警備情形，巡捕仍復原有崗位，禁止日便衣軍日浪人日軍任意捕捉無辜市民，並向日軍當局，嚴行交涉，釋放被捕市民，追查被弊市民人數及其犯罪行爲，實爲公便。臨書草草，不勝迫切待命之至。又據閔炳記函稱：敝學徒徐俊明，又宇田生，江蘇南匯人，年二三歲，不幸於一月卅日上午因公出外，行經吳淞路有恆路之間，突過日本便衣軍數人，無故竟將拘去，迄今未見放回，聞現禁日本倶樂部。但敝乃善良之商人，而敝學徒亦甚規正，今突遭無辜之災。爲此具函懇求，伏望竭力設法各等情到會。查日本軍隊，以公共租界爲對我國作戰之軍事行動根據地，業已抗議在案。本會現須請貴局更爲注意者，一九一四至一九一八年之歐洲大戰，非由當時日耳曼帝國破壞比利時局外中立而起乎？非協約國爲維持中立條約之神聖而參戰乎？非爲正義人道與民治主義而戰勝乎？現在日本軍軍之行動已使洋涇浜章程之尊嚴，破壞無餘，而種種殘忍行爲，更非正義人道所許。乃貴局熟視無覩，不特將費唐法官個人所認爲界內無上之安全，根本上成爲謊語，且直爲一種最恥辱之事件。據函前情，相應函請貴局查照迅即執行中立辦法，幷恢復納稅居民之一切安全保障爲荷。（二月八日）

市商會函工部局請恢復爲日軍蹂躪之權力

逕啓者：此次日軍在閘北挑起戰釁，以公共租界爲作戰根據地，貴局不加阻止，致釀上海自通商以來未有之慘劇，實堪浩歎。查公共租界既非一國所得專轄，故其責任爲連帶的。日本固有侵犯中立之責任，而各國亦有坐視其侵犯而不予制止之責任。前見貴局復吳市長函，諉爲應由日本獨負其責任，此種論點，在法理上絕對未能予以同意者也。敝會茲所欲論列者，卽爲貴局在界外所築之馬路，如江灣路等，竟任日軍大隊聚集，設立司令部，其中如該路之靶子場，地勢高聳，尤可利用爲砲兵陣地，以圖延長戰禍。其貽害於中外商業者，決非淺鮮。敝會以爲國際軍隊現已陸續到齊，實力雄厚，貴局欲維持其向來之尊嚴與地位，以恢復爲日軍蹂躪之權力，此其時矣。應請將凡係貴局界外築路地方，如江灣路狄思威路地方，一律由貴國商請新近開到滬上之國際軍隊，暫爲分別接防，以資保障和平，此卽各友邦所以派遣軍隊來滬之本旨也。（三月八日）

市政府覆美領我國從未放棄租界領空主權

逕啓者：頃接貴總領事二月八日大函，以日本軍用飛機，在租界上飛行探視與示威與戰鬥等作用，危及租界內生命財產，將轉告日本海陸軍當局，停止此種行動。並請轉達中國海陸軍當局，停止軍用飛機，在租界上飛行，至爲公荷等因，准此。查租界內領空主權，本我國所固有，且向來並未放棄。故我國飛機之在租界上飛行，自不能受任何之干涉。惟本市長對於全市內人民生命財產之安全，亦彌深關切，自當體諒來函意見，轉達本國軍事當局斟酌辦理。抑尤有應鄭重聲明者，如租界當局容許或不制止日本飛機繼續在租界上飛行或通過，則我國軍隊，爲自衞計，向之射擊時，所發生之一切結果，本國政府，不能負責，相應函復查照。（二月九日）

（附）美領來文

逕啓者：頃接工部局總董二月六日來函內開，日本軍用飛機在租界上飛行，作探視示威與戰鬥等作用，危及租界內生命財產，且使居民恐怖，等由。現將原函抄錄附上，敝有關係同僚，意欲贊助工部局總董之意見，並將該董之意見，轉達敝日本同僚，勸告軍用飛機，在租界上飛行之嚴重，並希望敝日本同僚，轉請日本海陸軍當局，停止此種行動，因此種行動，常常有危害租界內生命財產之可能也。本領袖領事，請貴市長轉達上述意見，於中國海陸軍當局，請其停止軍用飛機，在租界上飛行，至爲公荷。

上海三百萬民衆對工部局抗議

敬啓者，上海工部局爲世界各國住民共同組織之團體，如會員國中有一國國民，有破壞工部局安甯秩序之行動時，則工部局當行使其職權，或以道德之方面，或以勢力的方法，矯正此種不守秩序破壞社會之行爲，絕不能推諉，更不能袖手旁觀。今次暴日利用公共租界爲其軍隊之根據地，連日進攻華方，均由租界出發，敗後仍遁入租界，使中國軍隊，不能自由掃盪暴力，市內秩序，亦無法恢復，中外居民之損失，固無論矣，而工部局團體之組織秩序，亦根本破壞無遺我滬上三百萬居民直接間接所受之損害尤大。茲由本會八十餘團體代表上海居民三百萬人，特向貴處提出最後之抗議如下：(一)公共租界所駐軍隊，應根於中立國，其態度祇能防護界內治安，不能向界外施行攻擊，所有軍事行動之日軍，應即日掃數驅出。（二）以後日兵來華，决不能容許其再在楊樹浦方面之租界內登陸，敗退後，亦不能退避於租界。以上兩項，務望即日實行，幷請迅覆爲荷。此致工部局貴領事團公鑒。上海各團體救國聯合會代表：上海市商會，銀行公會，總工會，各大學敎育聯合會，納稅華人會，律師公會，國民救國會，上海地方維持會，學生聯合會，憲政促成會，民治協會，婦女大同盟，等八十餘團體，暨三百萬居民同啓。

（二月十日）

房產工會函工部局採用必要辦法

逕啓者，日本悍然破壞國際公約，不顧友邦商業，於去年九月十八日起，侵入我國東三省。於友邦之忠告與抗議，置若罔聞，於我國之維持和平，尊重友邦調解，委曲求全之苦心，認爲怯懦。遂於本年一月二十八日晚，日軍在我上海市長無條件承認爲獨立國家所不能承認之四項無理要求，而日本總領事認爲滿意之後，大施攻擊。復用飛機炸平民炸醫院炸文化機關炸一切建築物。並在虹口一帶，作種種殘殺酷刑，毒打擄架等，非人行爲。使我界內繁盛之地，我房地產界，因無適當之保護而致之損失，不可計數。推原其故，日軍故爲戎首，應負其全責。然貴局與有關係國之領事，因無事前之深謀遠慮，亦難卸其失察之責任。緣日本之侵略中國，實爲其預定計劃，而欲排斥各國，獨霸遠東市場，又爲其妄想之中心，則其覬覦閘北爲不可避免之事實。乃貴局竟令之防守虹口一帶，俾憑作對我國駐軍作戰之策動地。至於中立性之神聖，更非日軍所肯重視，且不知重視。蓋日本軍人所具者，祗有快利之軍器，而其文化與野蠻人無異，正如牛角上架刀而已。現在各國與上海商務，均爲日軍所破壞，且有繼續不絕，更爲破壞之勢，苟不卽予有效之制裁，中國長江一帶，甚至全國之購買力，均爲摧殘殆盡，則歐美各國，將再有何法銷行其貨物，卽貴局之地位，亦必日趨枯落。敝會目擊心傷，愛好和平，正與貴局與各國人士相同，用特請貴局與各國防軍及當局，採用以下之辦法。(一)速將日軍在界內者，一律解除武裝，並封存其所藏之一切軍用品。因日軍已非爲保護而爲破壞公共租界之安全者，正如貴局之警務人員，如不爲維持而爲破壞秩序者，應立卽斥革懲辦。（二）禁止日本人民與領事等等在界內作軍事行動。（三）絕對不許並阻止日軍在界內碼頭上登陸，以制止其擴大破壞和平之蠻行，如強欲登陸，應予解除武裝。貴局與各友邦人士，此後祇有以下二路可走。（一）公同維持遠東和平，繼續謀中外商務之發展，而使上海之繁榮，維繫於不敝。或（二）中國之購買力完全喪失，使各國在華之市場，成爲荒區，而使八九十年之時間，數千萬人之心力，所造成之上海繁榮，至於毀滅。貴局與各友邦人士圖之，至於我國如日本不改變武力政策，決與日本之軍閥不共戴天也。相應函達，希煩查照核辦爲荷。（二月十日）

市商會函工部局華董制止日人虐殺行動

逕啓者：頃據敝會監察委員聞蘭亭君來會報告：據逃出之難民報稱，匯山碼頭一帶，日兵仍在繼續大批殺戮華人，請再致函工部局，切實設法阻止等情。查日軍對於非戰鬪員之平民，肆行殺戮，實爲國際戰爭法規所不許，而此種殺戮慘劇，又多發現於貴局治理區域以內。貴局對於住居界內之市民，凡有足以妨碍其生命財產之安全者，應不問其是何國籍，以最大之努力，爲切實之保護，此實貴局無可避之職責。此次日軍在上海向中國挑戰以後，界內華人，被日軍所拘捕虐殺，或生死不明者，迄今已不計其數，而日軍此種暴行，尚續演不已。貴局除組織委員會，將被日軍凌虐垂斃之華人百數十人，予以救止外，對於日軍續演之暴行，迄今尚未得切實防止之方法。此殊足令界內市民，憂憤不能自已者也。貴局應知界內市民，以華人爲最多，此次所受慘禍，亦以華人爲最鉅。而我國軍隊，又因避免與日軍衝突，以致糜爛地方之故，並未開入租界，執行自衛，則界內華人之如何不被日兵肆行殺戮，貴局實不能不負惟一之責任也。相應函請貴局，務須立卽採取嚴峻而有效之行動，俾日軍得中止其虐殺行動，實爲至企。（二月十日）

納稅會函工部局聲局不開市原因

逕啓者：准南京路商界聯合會及市民聯合會一區分會會銜函開：頃據本路商店會員來會面稱：此次上海事變，因公共租界工部局有便利日方，軍事行動之事實而起，以致商業停頓，爲特召集緊急會議，一致議決三項條件如左：(一)須日兵完全退出上海。(二)工部局須收回租界警權，並追查失縱居民，爲納稅人盡保障安全之義務。(三)上列兩項條件實行後，工部局須負責制止日僑不得借詞挑釁，並不再有慘無人道之野蠻舉動。爲貫徹主張，爲求生存，非達目的，甯願犧牲一切，決不開市。希煩轉知工部局，採取有效辦法，俾可早日恢復，共謀福利爲荷等因，准此。查此次日軍亂滬，事實上由於日軍得有租界之便利而起，任何人所不能否認。本會與各公團迭函貴局，迅採有效辦法，迄未執行，殊爲憂慮。設長此遷延，恐上海之繁榮，與中外人之利益，直接間接，均爲日軍所毀滅矣。准函前由，相應函請查照，迅即辦理爲荷。(二月十一日)

納稅會再函工部局請制止日人橫行

逕啓者：准上海市特區市民聯合會函開：頃據報稱：本日午後四時許，(十日)南京路上有日軍兵車三輛，每車約二三十人，全部武裝，且持槍作瞄準狀，由東而西，疾駛而去。至五時許，又有空車五輛，車端各立有日軍二人，持槍亦作瞄準狀，由東向西，一時羣情憤激，人心惶恐等情到會。查公共租界係中立區域，何以任令日軍武裝通過。且其勢兇惡，易啓各方誤會。萬一不幸發生糾紛，各將誰屬。似此情形，日軍之有意破壞租界中立性，已爲不可避免之事實。租界當局倘無嚴重表示，則界內納稅居民之生命財產，將何從保障。敝會謹代表特區市民，提出緊急抗議，應請貴會卽予轉達公共租界工部局，對於日人在租界內之軍事行動，應卽加以制止，勿漠視納稅華人之生命財產爲無足輕重也，卽希查照辦理爲荷等因，准此。查日軍憑藉虹口亂滬，已使貴局警權完全失去效力，如再任於南京路橫行，其擾亂之程度，必甚於虹口等處。相應函達，希煩查照，迅予設法制止，以免界內安全更無保障爲荷。（二月十一日）

第五章　國民政府對日方針

日本此次襲擊上海，其目的乃在：一、破壞中國金融經濟中心，使無抵抗自衛能力，二、脅迫首都，使簽字於喪權辱國之條件　三、使各國目光，由東北而轉於上海，放鬆東北問題。故我國應付方針，即在使政府能完全行使自由職權，以一面在外交上，運用國際形勢，確保中國主權，一面在軍事上積極防衛，作長期抵抗之計。換言之，即一面抵抗一面交涉是已。一月三十一日國民政府移駐洛陽辦公宣言，三十日外交部爲滬案致國聯及九國公約簽字國駐華公使牒文及羅外長發表對日宣言，均可爲此方針之說明。而國民政府二月一日勉全國將士電，及前總司令蔣介石同志一月三十日致全國將士電，尤可見長期抵抗之決心。除關於外交方面，於「國聯會議及英美各國之態度」章當再說及外。玆將上述各文錄後以見一般。

國民政府移駐洛陽辦公宣言

自日本以武力侵佔東北以來，政府一面尊重華盛頓九國條約國聯盟約凱洛格非戰公約之精神，雖釁自彼啓，仍堅持忍耐，以候簽約各國之主持公理。一面嚴飭軍警，應以全力捍衛地方，保障人民生命自由財產之安全。苦心維護，於茲數月，而日本進逼不已。最近竟以大批戰艦駛至上海，並輸送陸空各軍，藉口市民抗日舉動，以使用暴力，橫加恫嚇。夫人民組織團體，以急國難而禦外侮，本出於愛國之熱誠，苟無越軌行動，政府無從加以干涉。惟政府爲避免戰禍計，已不恤一再遷就日本之要求，始則對於民衆抗日之言論行動，稍涉激烈者，均予禁止。繼且曉諭各種民衆團體，自動取消抗日名義，以杜強隣之藉口。本月二十八日午後一時四十五分，上海市政府對於日本駐滬領事之要求，已予以日領自身亦認滿意之答復。而同晚十一時二十五分，日本第一外遣艦隊司令官忽來通告，迫我上海駐軍讓出防地，俾其佔領。軍隊有守土之責，詎能應其所求。日本軍隊遂即向我軍進攻，竟使上海繁盛市面，罹於兵燹，且使用無限制之飛機轟炸政策，平民生命財產，慘受荼毒，數量之巨，無可估計。同時首都及長江上下游各重要市鎮，亦有日本軍艦到處挑釁。夫日本所以繼續使用此等暴力政策，且進而愈厲，其用心不過欲威脅我政府，使屈服於喪權辱國條件之下。政府受國民付託之重，惟知保持國家人格，尊重國際信義，決非威武所能屈。惟有堅持原定方針，一面督勵軍警從事自衛，決不以尺土寸地授人，一面仍運用外交方法，要求各國履行其條約上之責任。日本此次濫啓兵端，破壞和平，不但中國領土主權遭其損害，舉凡華盛頓九國條約國聯盟約凱洛格非戰公約亦爲之毀棄無餘。政府深信中國對於此等暴行有正當防衛之權利與義務，同時深信各國爲維持世界和平及國際信義，亦必不能坐視。茲者政府爲完全自由行使職權不受暴力脅迫起見，已決定移駐洛陽辦公，望我各省區行政長官及軍隊長官，同心協力，各盡所職，以靖地方，而安人民。尤望我全國民衆，以勇毅沈着之精神，共赴國難，勿囂張，勿畏葸，務使暴力無所施，正義得以申，國家安危，悉繫如此，願共勉之。國民政府主席林森行政院長汪兆銘。（一月三十日）

國民政府勉全國將士電

特急，各省各總指揮各軍師旅長，並轉各將士公鑒。自國民革命軍成立以來，我武裝同志奮其忠勇，以完成中華民國之統一，不幸國內建設，尙未就緖，而外侮漸至。現在國家存亡，間不容髮，舍屈服於強隣暴力之下，喪權辱國外，則惟有出於積極抵抗之一途。遙望我全體武裝同志，念先烈之締造艱難，哀民生之罹於塗炭，以大無畏之精神，作長期之奮鬥，以絀暴力而伸正義，保國家之人格，爲民族爭生存，在此一舉矣。數年以來，我武裝同志，因意見參差所起糾紛，已於誠意共赴國難之一念，消滌無餘。自此以後，生者相與戮力於疆場，爲死者定必歡笑於九泉，以覲吾國最後之成功也。謹布腹心，其共勉之。國民政府主席林森，行政院院長汪兆銘，軍事委員會委員蔣中正，馮玉祥，張學良，閻錫山，李宗仁，李濟琛，何應欽，朱培德，陳紹寬，陳銘樞，唐生智，東（二月一日）。

前總司令蔣中正致全國將士電

各總指揮各軍官學校師生諸同志均鑒，東北事變，肇始迄今，中央爲避免戰禍，保全國脈起見，故不惜忍辱負重，保持和平，期以公理與正義，促倭寇之覺悟。不意我愈忍讓，彼愈蠻橫。滬案發生，對渠要求，且已茹痛接受，而倭寇仍悍然相逼，一再向我上海防軍突擊，轟炸民房，擲彈衢市，同胞慘遭蹂躪，國亡卽在目前。凡有血氣，當能再忍。我十九路軍將士，旣起而爲忠勇之自衞，我全軍革命將士，處此國亡種滅患迫燃眉之時，皆應爲國家爭人格，爲民族求生存，爲革命盡責任，抱寧爲玉碎毋爲瓦全之決心，與此破壞和平蔑棄信義之暴日相周旋。中正與諸同志，久共患難，今身雖在野，猶願與諸將士誓同生死，盡我天職。特本血誠，先行電告。務各淬厲奮發，敵愾同仇，勿作虛浮之豪氣，保持犧牲之精神，枕戈待命，以救危亡，黨國幸甚。蔣中正陷。（一月三十日）

國民政府外交部爲滬案致國聯及九國公約簽字國駐華公使牒文

爲照會事，查自上年九月十八日日本無端侵佔瀋陽後，卽繼續在東三省及中國其他各重要地方積極實施其武力侵略政策，今且侵及國際商務集中之上海矣。本月二十八日下午一時四十五分，上海吳市長對於日領一月二十日之來文，業經予以駐滬日本總領事認為滿意之答覆。乃是夜十二時，日本第一遣外艦隊司令官忽通告市政府，要求中國軍隊撤退，由日軍佔領佈防；同時即以武裝軍隊衝入閘北，向中國軍隊首先用機關槍施以襲擊。二十九日繼續進攻不已，并以飛機二十餘架，不停止且無區別轟炸居民稠密區域之閘北，該處已遭大火，居民死傷極多。當地交通機關及暨南大學商務印書館各文化機關，與主要商店，多被炸燬。現仍繼續其敵對行為，實屬違反國際公法凱洛格非戰公約及國聯盟約，并蔑視國聯行政院迭次決議，而對於華盛頓九國公約，尤屬直接侵犯。因此不獨各國人民生命財產均受重大危害，即人道與文明基礎，亦受威脅，其責任應由日本完全担負。中國政府為遵守國聯迭次決議，對於日本種種侵略行為，極端隱忍。詎意日本悍然不顧，竟令日軍攻擊上海，威脅首都，其故意擴大事變之軍事行動，中國當局，忍無可忍，不得不採取相當手段，以實行國家正當防衛權。上海為中國之國際商業中心，現既在嚴重局面之下，中國重要各地，亦隨時均有重大危險發生。日本違反華府會議九國公約危害中國主權與獨立暨領土與行政之完整，貴國政府爲該公約之首創者，（簽約國）相應緊急照會，請貴公使迅電貴國政府本其在該公約上之神聖責任，速採有效之手段，嚴正制止日本在中國領土內之一切軍事行動，以及違反該公約之一切其他行爲，俾公約之尊嚴與遠東之和平，均得維持，幷希查照立予辦理見復爲荷。須至照會者。

（一月三十日）

羅外長對日宣言

當茲中華民國歷史上國難最嚴重之時期，鄙人爲責任心所驅使，遂不得不勉應國家之急，以服務於外部。查自去歲九月日軍侵占瀋陽及東省之其他各地後，形勢日難忍耐。現在日本軍隊復又攻擊上海，情形尤更緊張，蓋不惟國際間之利益發生危險，即我首都之安全，亦頓受威脅。日本方面現雖已連續實施其種種暴行與侵略，中國方面則對於反對侵略及以戰爭爲國家政策之國聯規約非戰公約及九國公約，仍行繼續遵守。中國政府現已決定，此後日本軍隊對於中國領土，如復更有攻擊，則必盡其能力之所及，從事正當防衛。須知自衛自保，乃各國應享之權利，無論在何情勢下，固不能希望其放棄者也。中國人民極願與一切以平等相互原則待我之各國人民，維持並增進其友誼。今若中日兩國人民間之友誼維持發生障碍，則實以日本之連續的侵略爲之厲階，蓋此連續的侵略，自不能不於中國人民之感情上發生其必然之結果也。現如欲使中日兩國人民恢復友誼關係，則必須日本政府採用武力壓迫以外之手段。蓋武力壓迫，不惟不能醫此創痕，且反使其日益加劇故也。現在鄙人業已就外長之職，自當遵照國民政府決定之政策，竭其能力，勉效棉薄，凡我國按照國際法律國際條約所應享有之主權獨立領土及行政完整，均應使其毫無損害，尤願舉國上下，予鄙人以充分之贊助，俾鄙人之努力到底於成。

（一月三十日）

第六章　國聯會議與英美各國之態度

自日軍在上海發生軍事行動後，國聯會議即接受我方提議，援用盟約第十五條。惟此僅能視爲一種道德上的權威。後續開二次公開會議亦無若何成績。英美各國方面，則英美因利害較切，故對日態度亦較嚴重。法意地位與英美不同，除於二日隨同英美向中日二國提出四項調停辦法外，均寂然無聞；而法因在歐與英衝突之故，有時似袒助日本。俄則態度沉默。其他小國，可無論矣。

國聯會議

自日本發生軍事行動消息傳至日內瓦後，國聯空氣爲之緊張，行政會主席彭古與其他五大會員密商應付辦法。行政會於二十九日午後公開會議前，先作半小時之會商，不請中日委員代表列席。及開會中代表顏惠慶博士關於中日爭案事，以中政府名義正式援用會章第十條與第十五條。按此條文行政會必須立即開始獨立的調查，並必須依照調查所得行事。中代表此舉，使全部事態爲之驟變，行政會顯爲之震動，一般人皆承認中國之援用會章第十條與第十五條，已置行政會於困難之地位，行政會勢將用其所有力量以覓取可不損毀國聯威信之解決辦法。主席彭古在行政會公開會議時，首先聲明列强業已用其能力以阻止事態發生如目前不幸發生者之變化。繼言及昨日宣讀之宣言文中任何解決法，凡與國聯會章抵觸者，國聯不能贊同等語。末謂局勢因中國援用會章。第十五條，現已更變，但國聯之手續與努力，仍繼續有效。中國既已訴諸第十五條，行政會唯有依此條文行事，行政會不能諉卸會章下之責任，故吾人今須請秘書長陳述所應採之途徑云。顏博士稱，日本施用武力，以覓取中日爭執之解決之行爲，直接違反會章，故中國覺有訴諸會章第十五條以鞏固行政會手腕之必要。顏博士旋宣讀關於日軍侵略上海之來電，並聲明日本必須負全責。佐藤答稱，時事之發展，未許行政會結束中日衝突，殊可扼腕。但過失不全在日本，中代表所宣談之電文，似謂日本水兵無故攻擊上海。但日代表團所接官場來電，則所言不同云。佐藤乃宣讀上海來電，詳述上海事態發展之由來，據謂日僑受危害，故水兵登陸，以查保護，但在途中爲中國正式軍隊所攻擊，日兵司令部繼亦被攻擊，日兵乃不得不採自衞行動云。佐藤又聲明日本水兵之登岸，係根據外國海軍司令之勸告。佐藤言及會章第十條，謂中國以日本不接受公斷爲言，但日本不願接受任何國之公斷，故日本未曾承認國際法庭條例中，關於公斷之一條云。佐藤繼言及中國指責日本破壞中國領土完整之行爲，謂關於此事，不幸遠東已有前例多起，日本並未首開其端。如一九二七年砲擊中國土地而日本獨未參加是。中國今訴諸會章第十五條，以代第十一條，已將使局勢迅速變更，不知行政會能同時在二條會章下辦理此問題否。上次議案之有效與否，繫於行政會之決定，渠以爲宜令國聯調查團稍後起程，以待行政會決定此點。中國不欲以直接談判謀取解決，但昧然於會章第十五條，而將此事提交行政會，渠以爲此事宜繼續於會章第十一條下進行，渠未見現所提出之公文與報告有可使顏博士於第十五條下提出其案之充實理由。渠勸顏博士準備新文書之提出，中國曾欲以直接談判謀與日本解決乎，直接談判之可能尚在，奈何遽援用會章第十五條云。議長彭古答稱，根據第十五條的呈請是否正當之問題，非行政會所可決定。法學家委員會以日人安達爲主席者，曾判定行政會不得考慮此問題，行政會惟有根據呈請而行事耳。根據第十五條之呈請，並不推翻以前根據其他條文之行爲，與手續或決定。蓋第十一條與第十五條並不彼此抵觸，而根據第十五條之手續，並不使行政會不得繼續其和解努力，故行政會顯然必須接受中國之呈請，今首先需要者，在覓取消息，及關於事實之眞正認識云。彭古發言至此，乃詢秘書長德魯蒙會否考慮渠所可主張之辦法，德魯蒙乃起而對於第十五條有所陳述，並希望中日代表，供給詳細報告，附以公文式之證據，及必要與立卽的實地消息。繼謂渠擬於明晨提出關於手續之辦法，但渠或須請求扶助，及取務必公允的必要情報云。日代表佐藤聞議長之言後起稱，渠不完全贊同議長關於第十五條手續之解釋言論，渠以爲現已發生之局勢，至爲嚴重，或將碍及世界和平，行政會已有嚴重的決定，而負重大的責任，渠亟欲糾正手續，故提議研究此事，日內向行政會陳述意見云。彭古答稱，行政會決不於明日閉會，故日代表可於數日內向行政會述其意見云。議長於此乃發誠摯之言，結束一場討論，請中日代表各電致政府，制止再有可致生命死亡或造成不可收拾的時局之一切行動，並聲明行政會甚密切注視時局。佐藤答稱，渠願欣然將行政會之言轉達日政府，但中代表今日之舉動，已使複雜而危險的時局愈臻惡化，並使解决愈感困難，但渠願照行政會志願勉力從事云。顏博士亦以願將國聯請求，轉致中政府爲言。議長遂代表行政會向中日代表致謝，此後行政會遂另議其他事件。

上項消息傳至東京後，日政府發言人三十日聲稱，日本有退出國聯之可能，如國聯竟援用會章第十條與第十五條，日本或將出會。政友會未握政權時，曾通過一議案，主張如國聯堅持其不合理之態度，則日本須退出國聯。發言人又謂國聯仍認中國爲有秩序而負責的國家，深爲可惜，實則中國者，不過爲輿地上名詞耳云。其視國聯如無物及侮辱我國，可謂至矣。

（附）國聯盟約　第十，十五條

第十條，聯合會會員，擔任尊重並保持所有聯合會各會員之領土完全及現有之政治獨立，以防禦外來之侵犯，如遇此種侵犯，或有此種侵犯之任何威嚇或危險之虞時，行政院應籌履行此項義務之方法。

第十五條，聯合會會員約定，如聯合會會員間發生足以決裂之爭議，而未照第十三條提交公斷或法律解決者，應將該案提交行政院。職是之由，各造中任何一造，可將爭議通知秘書長，秘書長即籌備一切，以便詳細調查及研究。

相爭各造應以案情之說明書，連同相關之事實及文件，從速送交秘書長，行政院可將此項案卷立命公布。

行政院應盡力使此爭議得以解決，如其有效，須將關於該爭議之事實與解釋，並此項解決之條文酌量公布。

倘爭議不能如此解決，則行政院經全體或多數之表決，應繕發報告書，說明爭議之事實，及行政院所認為公允適當之建議。聯合會任何會員，列席於行政院者，亦得將爭議之事實及其自國之決議，以說明書公布之。如行政院報告書除相爭之一造或一造以上之代表外，該院會員一致贊成，則聯合會會員約定，彼此不得向遵從報告書建議之任何一造，從事戰爭。

如行政院除相爭之一造以上之代表外，不能使該院會員一致贊成其報告書，則聯合會會員保留權利，施行認為維持正義與公道所必需之舉動。

如相爭各造之一造，對於爭議自行聲明，並為行政院所承認。按諸國際公法，純屬該造本國法權內事件，則行政院應據情報告，而不必為解決該爭議之建議。按照本條任何案件，行政院得將爭議移送大會，經相爭之一造請求，應即如此辦理，惟此項請求，應於爭議送交行政院後十四日內提出。

凡移付大會之任何案件，所有本條及第十二條之規定，關於行政院之行為及職權，大會亦適用之。大會之報告書，除相爭各造之代表外，如經聯合會列席於行政院會員之代表並聯合會其他會員多數核准應與行政院之報告書，除相爭之一造或一造以上之代表外，經該院會員全體核准者，同其效力。

三十日，行政院開會。德留蒙提議，成立上海國際調査團，委員爲英，法，德，義，西等國駐滬總領事，美國總領事亦參加，調查結果，向國聯委員會報告。我國代表顏惠慶發言，歡迎國聯秘書長德留蒙決定對滬事採有力辦法，但恐此種決定仍未能剷除病根，因現在滿局牽延期中，難免再有類似事件發生。顏氏申述中國援用盟約第十五條，不僅關係滬局且希望國聯採取辦法，終止中國領土之被占。日本代表佐藤力辯日本有侵犯中國領土完整之暗示，謂日本不論在滿洲或他處，無併吞任何中國領土意嚮，已如日外長芳澤氏迭次聲明。繼謂日本僅係採取防衛手段，一向遵守此種觀點，日軍延緩撤退計劃中之占領區域，僅爲迄今未能肅清滿洲不良份子，恢復南滿線之安全，殊與日本原意相反；在上海亦有同樣之自衛需要。佐藤爲證明其演詞，提出日本駐滬軍最高指揮鹽澤之長文報告，結束時對援用盟約第十五條，再提出法律方面反對理由。

三十一日國聯行政院通過秘書長德留蒙提案，組織各國使領在滬，就地調查委員團。行政院主席保羅彭考氏宣佈行政院，議程雖已議畢但仍將繼續開會觀察滬局。顏惠慶照會行政院，稱中國爲自衞計，今後將以武力抵抗。中國代表團發表牒文三件，皆未道及中國向日本宣戰之事。其中一牒，先述上海事變之原因及其進展，稱在此形勢之下，中國政府爲保全主權起見，自不得不以武力自衞而盡力抵抗日軍之攻擊。此種侵犯及佔領上海之圖謀，實爲對於國聯公約，國聯議決案，巴黎公約以及九國協約之一種新侵害。中國對於各該約章素來嚴格遵守，對於日本暴行未嘗不忍耐受之，無奈日人得寸進尺，惡行日益進展，無可遏止。今時局益形險惡，不久並將危及各大邦。故中國向國聯要求，從速決定有效辦法，以阻止日人之强暴行爲，俾使各項公約及世界和平皆得賴得保全云。一日，中國代表又通知國聯行政院，指摘日本破壞滬休戰協定，派鐵甲車與砲隊再度進攻，國聯已請求會員國駐滬領事迅速組織調查團。

二月二日午後三十分國聯行政會議召集特別會議，討論中日爭案，因彭古返巴黎，由法陸長泰狄歐主席，聞此次會議，乃應英國之請舉行。開會時，中國代表團與會者猶未接昨夜南京事變任何消息，彼等之意，此必因南京電報交通阻斷之故。泰狄歐起言，此次會議之召集，乃應英政府之請，故請英國海外自治領大臣湯木斯發表意見。湯木斯即起謂英政府以爲斷不能使今日遠東之時局再行延長，現每日傳來極重大新爭端與廣大區域之戰事消息，源源不絕，上海已成連續的戰鬥之中心點，來福槍機關槍飛機砲隊同時參加。此種名副其實之戰爭，進行不已，國聯實不能坐視無覩。如任其延長，則國聯，巴黎公約，九國公約之失世界信任，必不可免。美政府對於大局，應取完全相同之意見，此層關係匪細。近四月中，國聯行政會對和平之種種努力，幸獲美國至誠之同情與贊助。且有數次，行政會曾促請其會員以外交照會致中日兩國，以爲其努力之副。英國與其他會員國政府，已表明願應行政會之籲請。不幸此種努力未獲成功，故英政府與美國合作。決定再接再厲，使此可慘之狀態得告終止。敢信其他政府必亦作同樣之行動。英美故已向中日兩國政府提出正式抗議，要求(一)終止各種暴烈行動與戰爭準備，(二)雙方在上海區域應將軍隊撤至商定地點以圖保護公共租界之中立區域，(三)應依凱洛格非戰公約與十二月九日行政會決議案之精神，立即開始談判，以解决各項現存之爭端。湯木斯於是宣讀外相西門爵士今日下午在下院發表之言論如下：「今不幸須奉告者，一月二十九之夜，上海中日軍發生性質極嚴重之戰事，政府對此種事變，至爲關心。蓋爲一般和平利益計，且因逼近公共租界而將危及英僑之生命財產也。吾人現一再促請中日政府與雙方司令接受上海英美總領事商定於中日兩軍間劃中立區域之計畫，該區域由列強軍隊與公共租界之軍隊佔居之。業以訓令致英軍，如該區域能經劃成，應予合作。因總領事之努力，一月二十九商妥休戰。但據最近報載消息，戰事顯復發作，令人不勝扼腕。政府已促告中日政府，彼等負有補救現局之重責。至於英陸海軍地位，除原駐上海之步兵三大隊外，政府又於星期日決定由香港派軍艦一艘，載步兵一大隊砲兵一中隊，以爲之援。駐滬英軍計有巡洋艦康華爾號，驅逐艦桑維樞號，另砲艦兩艘，日內將增巡洋艦坎特號，再蘇福克號已於星期一日開抵。政府始終與其他有關係的列強密切會商，此種方針，擬積極維持。駐滬英總領事現與其他列強代表密切合作。昨夜十一時日軍艦向南京開砲轟擊，據最近消息，一切卽告平靖，英僑全無恙。」湯木斯讀畢，日代表佐藤謂，渠聞英政府之宣言，甚饒興趣，因日政府早請英美與日會商處置滬局之計畫也。佐藤於是宣談日本關於滬案致國聯之文，並聲明日本願與列强合作。中立區域之建議，原由日本提出，故日政府殊爲歡迎。惟英代表之言，有一點須加矯正者，昨夜日軍艦在南京發三砲，乃在日兵被攻後出此，中國之挑釁，未經英代表述及云。德代表起言德國願見遠東之和平，視任何各國般切云。泰狄歐謂法政府已有訓令以照會致中政府，赴滬之法援兵已出發云。意代表格蘭第亦作同樣之宣言。於是中國總代表顏博士起稱，中國深感英法意德代表所發重要之宣言。繼泰狄歐起稱，此會之目的，即行政會之法權與列强所取之步驟結合爲一，業已達到會議遂告結束。

二月九日，行政會復舉行公開會議。於未開會前，先開秘密會議，討論中日問題，以決定今日舉行公開會議之手續問題。公開會議原定六時開始，迨六時二十分始開幕，中國總代表顏博士首先被請陳說一切。顏博士稱，行政會上次開會後，即有英美設法停止仇對行爲之說。英殖民大臣湯木士在軍縮大會開幕以前所發之言論，今不幸而獲證實。日軍現源源輸入中國，其數大增，已佔據哈爾濱，滿洲現有日兵七萬五千，上海有日兵二萬五千，此外復有運兵船二十七艘，準備載兵赴華，日本迄無改變，其意思之徵象，時局已極險惡，今後將愈險惡。顏博士言至此，宣讀言及上海事件發生之電文，內稱上海商務停頓，救傷車被炸彈轟擊，美國救傷女醫士受傷等事。顏博士指此事態，不獨爲中國所不能忍受，卽國聯諸國亦不能忍受之。顏博士又謂中國在此種狀況之下，勉自忍抑，自無待言，但忍耐有其限度，任何國家不能逾此，中國若再退讓，則將礙及其國家生存。中國一方面忠實遵守對外之莊嚴擔任，一方面被迫行使任何國所固有而無疑問之自衛權利，而採行其人力與物力範圍內之自衛計畫。中國人民如遇必要，將不恤作絕大之犧牲，渠不欲使業已複雜之時局，再增無謂之糾紛，故在考慮他種辦法時，渠請行政會直率表示對於此事之意見，如屬可能，設法立卽制止日本之仇敵行爲，而促其從速撤回其在華之武裝軍隊云。日代表佐藤答稱，行政會已聽取顏博士之言論，日本却不能承認其所言之事實，其所言者，且多失實之處，尤以滿洲兵數爲甚。渠已將日政府所有之各種情形，通知行政會，日政府固亟願將完全而正確之情報供給行政會也。以言上海時局，渠於兩日前接到關於上海種種事件之報告，與會諸人尙未言及上海報告書，但渠將略言之，此乃甚明白而直率之報告，可爲渠所提交行政會各種報告之佐證。行政會現已接到此報告書之第一段，似應等候其他各段，是以渠覺無須答覆顏博士所指責各節。但對於滬事有不能不說一二語者，列强已向中日政府有所建議，日政府已訓令其在滬代表與列强談判，此項談判，不外乎口頭所述之三點。第一、提議軍隊止於交與日軍防守之界線。第二、主張敵衆撤後以避衝突。第三、主張在兩軍間設立中立區域，歸中立國人管理之。渠現建議中立區域應由何人管理之問題，應就地討論之，因當地談判人較諸遠在日內瓦者更宜於下一判詞也，渠希望不久可得當地之解決。新任艦隊司令業已奉有停止敵對行爲之訓令云。佐藤所稱日本不欲在滬繼續作戰，亟欲得一解決等語，引起聽衆不信任之不平聲，議長不得已亟擊案以維持秩序。彭古旋向英外相西門詢問列强在上海努力之結果。西門答稱，英代表湯木士已告知行政會，一星期前英國曾商諸美國，並會同法意德三國提出辦法。不幸此提議未曾爲立卽促成協定之工具，但此努力，不可視爲全無效果。日代表所接日艦隊司令所奉訓令，及談判情形之情報，尙屬確實，渠可將所得消息，供給行政會，以證實之。當地談判，不獨由英法意德爲之，而美國之在滬代表，亦參加之，談判現所期嚮之目的，卽行政會之目的，此乃有希望之表徵也。西門繼曰，日代表聲明渠希望敵對行爲不久可停，余聞此語，頗爲滿意。英政府鑒此時局，非常焦慮，一般輿情亦復如是，英政府以其所有勢力，供行政會運用云。議長彭古謂渠聞中國向行政會而發之情報，殊以爲慮，但渠須提醒中代表者，依照會章第十五條，中國須以文書提交行政會，至於所發言論，不能代替文書也。彭古繼言及列强在遠東之行爲，尤爲注重上海現所進行之談判事，謂此談判似有可獲具體結果之良好機會，中立區域之原則，似可議定，惟詳則尙須解決，俾促成敵對行爲之終止云。顏博士請許中國稍緩向行政會詳述一切，顏博士並謂敵對行爲現不獨施於上海，且仍施於滿洲，故渠不能專以陳說上海可悲事件爲限，中國所請求者。(一)停止攻擊。(二)日軍退出中國土地。(

三）以和平方法解決中日間各項爭執。顏博士又謂上海調查團之報告，與渠所報告行政會者，幾皆符合，中國抵制日貨，非爲日本侵略之原因，但爲日本侵略之結果，俟日軍退出中國境後，抵制卽可自然消滅，中國人民對於日商，並無仇視也云。佐藤稱，抵制未可視爲與中政府所採行之政治計畫無關，抵制不僅逐出日貨之問題，且爲逐出日僑之問題。上海有日人數萬，日政府不能不保護其人民。渠知輿情稍不滿意於日本，如日本撤兵，輿情或可滿意，但日人將受絕大危險，甚或被人屠殺，任何政府不能受此責任也云。佐藤繼言一九二七年南京事件，謂日人在中國當道掌握中，受苦與他國同，但忍耐受之。在此經驗之後，日人不能容許此種事件復見於上海，日本亦猶他國有遣派軍艦到中國海上之權，如中政府能維持秩序，何需有外艦，但外人不得不保衛其利益也。今日受華人侵略者，爲日人，明日受華人侵略者，將爲何國人，此乃未可輕易答覆之問題也云。彭古稱，行政會對於佐藤言論，將予以不偏袒之考慮，上海發來之第一次不偏袒報告書，已表示時局之如何複雜困難，行政會現亟希望中立軍所防守之中立區域，可迅速實現，俾可停止敵對行爲，而維持秩序云。顏博士稱，中立區域不能解決全部事件，彭古遂向之發言曰，求全則害隨之，如中立區域實現，則行政會將有可以自賀之良好理由矣云。由以上會議之經過觀之，則國聯表現之成績如何，已不待吾人煩言。又據十日日內瓦哈瓦新社電：「國聯行政院大約須俟獲得三種結果後，始重行開會，以討論中日爭端，此三種結果，亦可謂爲三種文件。即（一）列強與日本直接談判之結果。（二）中日兩國對於上海事變之說明書，連同證明文件，一併提出。（二）上海領事調查團新報告書。至中國欲將滿洲問題及上海問題合而爲一，行政院迄未加以考慮。顏惠慶氏所援引之盟約第十五條，僅可適用於上海事變，此層昨日一般人業已注意及之」。則國聯之能力，亦不過徒使事件遷延，益趨難於解決之途而已。

十二日午，中國代表團照會國聯秘書廳，請召集國聯大會緊急會議，處理遠東事件。中國要求係根據國聯盟約第十五條第九款，中國方面之請求，將於行政院會下屆開會時提出討論。（按第九款原文如下：按照本條，任何案件，行政院得將爭議移送大會，或經相爭之一造請求，亦應即如此辦理。惟此項爭議，應於爭議送交行政院後十四日內提出）目下各國代表，已齊集日內瓦，有即時召集該會議之可能。

滬變初起時英美各國之態度

中國為國際帝國主義所共同侵略之國家，故中國問題，列强莫不注目。日本以武力侵佔瀋陽以來，各國早已寢饋難安，徒以國際衝突，循環起伏，至為複雜，故一致行動，莫能調協，僅以國聯為一空言應付工具。日人窺破此種弱點，進攻愈力。及夫東北問題告一段落，乃轉其鋒於上海，而國際商場被蹂躪矣。各國至是，乃始覺其事件之重大。英美法等國，皆由其根據地趕運軍隊幷派軍艦來滬。而英美關係尤鉅，雖因爭世界霸權，各地衝突至多；然鑒於日人之猖獗，乃不得不暫時合作以抑制暴日。據哈瓦斯念八日華盛頓電，上海衝突事件美國不欲單獨行動。英國政府詢問美國擬將採取何項措置，當由國務員答覆，稱正待倫敦方面提議。英國對此事所當採取之態度，內閣意見似不一致。」路透二十九日倫敦電「路透社探悉英政府致日本之照會，希望日本不先商諸有關係各國政府，不在公共租界取何行動。英國已將此節通告美政府，請照樣辦理，並請日政府由東京供給關於滬局之消息。」路透二十九日華盛頓電「今日聞國務院現亦向日本提出與英國同樣之照會，要求日本不先商諸有關係各國，不得干涉上海公共租界。」國民社三十日華盛頓電「美英兩國已向日政府抗議日本在滬行動，美抗議文內容尚未發表，但聞兩國照會均以英美駐滬領事報告爲根據，此項報告曾臚叙上海市長既經答復日方要求，日人聲稱滿意之後，日軍又復佔據閘北，並用飛機及陸戰隊攻擊平民等事實。據美國務院說明抗議原因，由於日人行動危及五千美僑散居之上海全埠故。再日人於既接滿意答復，又復進攻，且對於居住市內之人民不發警告，遽有動作，美國務院中亦表示反對云。」及路透三十日倫敦電「英外部今晚發表公報，謂駐日英大使林德賽今日照會日外相芳澤，告以接奉訓令，促其注意於英人生命財產因日人在上海行爲而受之危險。並抗議日本以公共租界爲進攻之根據地。並請日政府運用種種努力，在可能的最早時期內恢復尋常狀況。日外相答稱，渠完全諒解英政府所感覺之惶慮，日本當行其所可爲者，不危害英人生命財產，並不以公共租界爲進攻之根據地云。」等，均可證明英美之態度。至法意方面，則據路透社念九日巴黎電「負責方面言及上海時局，謂法國當然願照國聯態度與列强作共同行動，法國贊成集合的行動，而不主張單獨行爲，上海法租界未受危害，故法總領事之地位與英美總領事不同云。」路透社念九日羅馬電「意國極注意於上海之發展，然其所繫念者，大都以商業方面爲限。意國極不願其商業關係稍受妨擾，故將贊助可恢復秩序之任何辦法，意國亦甚注意保護其人民與教士事，意相墨索里尼現以非常之注意視察上海形勢。」說者，謂法因與英爭霸於歐，常欲見好於日，以結外援，意則遠東關係較少，故表示亦比較不甚重要。而俄國對此，態度比前更爲沉默。蓋彼乃欲以冷眼看各國戰爭，而坐收漁人之利也。

四强提調停中日辦法之經過

據國民社念九日華盛頓電「今日內閣開會後，國務卿史汀生宣稱：美英已照會日政府希望在公共租界內，勿作軍事行動。史謂渠於數日前即提出此議，又謂英美已向意法兩國作此建議，日本已答覆美國之照會，保證日兵不干涉上海之國際權益。」哈瓦斯念九日倫敦電「外務部宣言關於上海公共租界問題，英政府頃請求法國及意大利亦照英國辦法，向日本提出同樣要求云。」英美之必欲向法意作此請求者，蓋欲增加國際對日之壓力；且恐法意或持異議，則解決當更困難。此乃外交上應有之步驟，而法意亦不便拒絕者也。果也英美兩政府當局，忙迫兩晝夜所議成之調停中日辦法五項，終得法意之回電贊助，於二日同時遞交中日兩國。(一)雙方停止現時之戰事。(二)雙方停止備戰之態度。(三)雙方自現在接觸地點同時撤退。(四)劃出中立區，由中立國擔任其警衛，以保護公共租界。(五)雙方立即開始進行和平會議，以非戰公約及國聯十二月九日議案之精神，由非戰公約簽字國及國聯會員國之居間襄助，解決一切懸案，任何先決要求及保留，均不得提出。中國對於上項照會，於四日照復英美等國云「爲照復事，接准貴公使照會，將貴國政府對於解決現在事變之各項提議，通知中國國民政府。國府固務於懇切願望嚴格遵行足以保障世界和平暨國家主權獨立及土地行政完整之國際協定義務，對於貴國政府所通知之提議，特行接收。再者，各友邦對於遠東時局，旣有極大之關係，不僅爲和平之一般利益計，爲各友邦所共同簽字上述國際協定之尊嚴計，中國國民政府熱望各友邦，與其以觀察者之資格，不若以參與者之資格，參加將來之商議。至提議中第四節所用中立區域及中立者字樣，國民政府所欲指出者，即該項字樣殊不適用於現時中國方面之情勢，故提議分別改爲和平區域及第三國等字樣，相應照復查照爲荷。」是中國對各國所提辦法，實已完全接受。而日本覆文，謂：日軍如確知華人立即與完全終止危逼與擾亂行動，則日軍亦允停止敵對行爲。惟中國正規軍與便衣兵如仍倔强，則日本不得不保留行動之完全自由。因往日華人所作之危迫，與現局之嚴重，日政府覺完全放棄動員或敵對之準備，實不能解。如有必要，日本不反對由日總領事及日軍司令加入關於分開雙方軍隊，在閘北區設立中立區域之協定談判。所謂中日各懸案，殆包括滿洲問題在內，日政府視滿洲問題與滬案全不相關，滿洲問題將依十二月十日國聯行政會通過之決議案辦理，且不接受中立國視察員之襄助以解決關於滿洲各問題，爲日政府已定之政策。故列强之第五項建議，實不能接受云。直行加以拒絕。至英美等國對日拒絕後所取之步驟，據八日路透社華盛頓電：「倫敦晨郵報華盛頓訪電稱，美政府目前不欲再向中日政府有何交涉，以和解其爭執，尤不欲向之抗議，或以外交上經濟上或其他壓力施諸中日政府。美當局目前之目的，在保護上海之美國人民，如時局更臻嚴重，則在滬美人將退出上海云」。同日倫敦路透社電：聞英政府商定目下續向中日兩國提出和解建議，實無濟於事，美政府亦取同樣態度。蓋以白宮覺國務院之發起與外國合作致照會於中日兩國，進行太遠也。法國之反動，亦甚顯明，據巴黎消息稱，著名國權黨之機關報皆謂中國須先裁軍，然後始能保其安全，及藉公斷以保全顏面。且稱日本爲和平有秩序份子。泰狄歐則評論國聯對於遠東事變，已作無力對付沮喪的自承」。是英美目前，顯不欲有所行動，而法國之袒日，更在乎言外矣。

日高唱對華政策與美之反對

自日人拒絕各國所建議之五項辦法後，乃更進一步，主張解除中國重要商埠軍事設備。據路透社八日東京電，謂：「日外務省發言人陳說一種提議，衆認此爲試探各方面意思之性質，其提議之目的，據謂在特殊方面上永遠解決上海問題，而在普遍方面上則永遠解決中日問題。外務省之提議，簡言之，卽主張在中日各重要商埠，如上海，漢口，天津，廣州，與青島五處，四周設立不置軍事設備之區域，各深十五哩至二十哩是。外務省並建議滿洲亦可解除軍事設備，不過滿洲境內紀律較佳之華兵一部份，可編成警察耳。外務省發言人於陳說上述提議時，自認此種提議與華盛頓會議所定之計畫，卽目的在以外人不干涉政策，聽令中國設立穩固政府者相背馳。但謂十年試驗，已證明此項政策之無效力，今欲獲到所希望之結果，其唯一方法，卽在以干涉政策代替不干涉政策。此法終必有益於中國，尤以商界爲甚。依渠見解，中外皆可獲益，但中國受益將甚於列强。故此提議爲解決目前上海爭執之國際會議，將來或將正式談及者，將有與九國公約之同樣目的，不過從不同的立場以達此目的，而代替五國公約耳云。發言人又謂，在都邑四周設立無軍事設備之區域，可制軍閥(？)之死命。中國之不穩定，實軍閥(？)爲之厲階。軍閥現據都邑以自肥，若軍閥之活動，僅以鄉區爲限，而不能盤據要邑，則將不能存在。是以最受益者，厥爲中國商人，因彼等可經營其事業，而無所擾也。此議乃道德上程序，而非政治上程序，首先有疏通各國輿情，以贊助此議之必要。依渠意見，如列强除在此無軍事設備之五邑外，自願放棄中國他處之領判權，則中國當可依允此議也云。發言人又謂日本現尚未正式探詢列强對此之意思，但已訓令駐外日外交代表覓取機會，正式的或非正式的提倡此議，但日本並無久駐兵於上海，直待各國對於此事有所協定而後已之意。在滬日兵，俟達到其目前目的，卽保護日本利益及日人生命後，卽將撤退，日政府固亟欲避免目前戰爭之延長也，日本亦無欲在上海開闢日人租界之意」。日人上項提議發表後，我國外長卽發表談話，加以駁斥，謂：「日海軍大臣大角，近倡上海應照天津成例，由國際協定於若干里內，中國不能駐兵，以免除將來糾紛之說。日外交當局，復有上海，漢口，天津，廣州，青島，五埠周圍，十五至二十英里，中國不得駐兵，又東三省中國不得駐兵，或僅住小部分軍隊，專司警察職務之提議，等情。查上海爲中外和平通商重埠，數十年間，中外均能相安。上海得有今日之發展，即其實證，此次事變純由日兵，利用租界，攻擊中國軍隊所造成，其責任當由日本負之。中國軍隊守衛中國領土，係最正當之合法行爲。斷無因日兵違犯條約，無理侵略之軍事行動，反使中國放棄領土以內之生存自衛權之理，此實破壞迭次經國際條約保證之中國行政權之完整。至和平區域，純係臨時隔離兩軍衝突之設置，事後立即取消。設日本在上海更得一表面通商之軍事根據地，扼京滬交通之咽喉，則以後上海更不能安全，此不特有碍各國之商務，及其一切在華利益，而且爲破壞遠東和平之一主要爆發點，此層應爲各國政府人民所共同認識清楚者。至所稱日本外交界，對於上海，漢口，天津，廣州，青島五埠，自十五至二十英里以內，中國不得駐兵，與東三省不能駐兵，或僅駐小部份軍隊，專司警察職務之說，更屬駭人聽聞。在上海一隅，尙屬不可，理由既如上述，何况他埠與東三省？是直剝奪中國全部之生存自衛權，及獨立國一切法律上應享之權利，與保障任何地最接近侵略最便利之一國之宰割。世界任何戰敗國均不能簽訂此項苛刻自殺之條件，況中國並未對任何國宣戰。關於東三省問題，且有國聯迭次議決案之保障，以證明公理是非之所在。總之，日本破壞非戰公約，國聯盟約，及華盛頓九國條約，武力侵略中國領土，而無辭自解，乃欲以國際利益，聳動各國，不知其用心與結果，全與國際利益相反。吾深信國際間正義猶在，各友邦均能認明是非利害及其條約上之責任，決不爲此別有用意，違背事實之宣傳所動。至於中國政府之穩定，係中國內政問題，中國人民，自能決定。至所謂中國商民歡迎此項主張，吾知愛國商民，必聞而義憤塡膺。乃日本外交當局，反稱此主張，爲道德的計劃，吾不知以强凌弱，而反誣弱者爲侵犯强者，並不任其有生存之保障，國際聞有此道德典範否耶？吾欲世界認識今日之中國，已非一九零一年之中國，國府斷不能簽訂三十一年前時落伍之條約，此余敢負責代表聲明者也」。

至各國態度，據路透社八日電稱，倫敦泰晤士報社論，謂日本圖在上海設立傀儡政府。八日華盛頓國民電謂：「據國務院中人評論日本此項提議，違反美國對華政策之精神，因其性質等於瓜分中國，破壞門戶開放政策。現國務院尚未接到日本或他國政府之正式提議，料一經美國明白表示態度後，日政府當不致再正式提出此計劃也。此間官場方面自見報載日外務省發言人陳說之建議後，卽紛紛評論，國務卿史汀生雖尙不欲有所表示，但國務院其他官吏皆非正式宣稱，美政府毫無考慮此類計劃之餘地，美國將恪遵華府會議商定之原則：(一)不干涉中國之內政。(二)有關係各國應盡力協助中國修明政治，而同時又應尊重其主權與領土之完整云」。是英美對於日之提議，已加以反對。而據九日東京路透電謂：外務省發言人聲稱，日本主張在中國設立不駐兵區域之提議，稍引起錯誤印象，實則此議不必修正，或代替九國公約，但可用以補充九國公約耳。此議不獨不分裂中國，且若實施之，可大減分裂之危險。此議根本主義，在打破中國軍閥之權力，而便穩固政府之成立。世人現應知中國陸軍之作用與西方諸國不同，中國陸軍在國防上爲無用，不過爲軍閥在國內政治競爭中之工具而已。美國對於日本此議有所批評，但若美國不歡迎此議，則不妨另提解决辦法，因欲恢復中國之穩固，勢不可不有所作爲也。發言人又謂日本此項計畫，不妨先試行於上海，如覺美滿，再推行於他處云。尙欲狡辯，謂不必修正，其用心之陰狠，誠可謂無微不至矣。

第七章　各國評論

自東北事件發生，各國對日本雖無强有力之制裁，然輿論已一致加以非鄙，此誠足代表全世界人之公意。及滬變發生，日本民族國家之眞象，更亦裸裸的暴露於世界之前。如美報則謂其爲「野蠻之表現」「兇橫殘暴如日軍所表現者，實無前例可見」；英報則謂其爲「黷武主義之自殺」「日本軍閥不獨驕橫，且亦盲行」；德報則謂：「日本行動，儼如以火投諸火藥之上」；法報則謂「日本今將受一教訓」；意報則謂：「日本攻擊滬寧兩處，簡直攻擊另一國家」等，可爲左證。茲特略掇拾滬上各報所載以見一般。其有關實際戰爭者，則已載入日無故進攻與我抗戰經過章。

美國

美國對日戰爭

（世界社紐約訊）美國陸軍飛行界最高權威者廉米采爾將軍，於最新出版之三月號「自由」月刊中，揭載一論文，題曰「吾人準備對日本作戰乎」，引起各界之大注意。文中力言美日戰爭勢不能免，結論則謂美國飛機容易從阿拉斯加及檀島襲攻日本，以炸彈炸擊日之各大都市，茲譯該文要旨如左：

俄日戰爭以後，日本人自以爲能征服世界，然彼亦知俄軍依於內訌及叛亂，致脆弱無能，不堪一戰。若使日本所遇者爲德法英美等國之軍隊，則勝敗誰屬未可知矣。日本知彼與美國終有一日相見戰場，彼又知未來之對海外戰爭，其方法將有極大變更。而日本所需食粮，倚賴外界供給，幾與英國相同。其食粮供給之交通線經朝鮮達亞洲大陸。其油錫等需要之交通線，則向馬來半島。如吾美用潛水艦從事活動，殆必能毀壞日本之運輸。但日本對於美之海軍力無大畏懼，日本所大懼者，吾人之航空軍力也。日本在地理上爲空軍攻擊之大好目標。彼沿海一帶之城市，搆成世界罕有之最大空軍進攻之靶。一種對日本之空軍攻擊，其勢力比攻英國更爲決定。發火之突射物能於短期內焚其城市成爲灰燼。一從檀島以空軍進攻，完全爲實際可行者。中道島距日本約二千哩，空軍飛機能安然來往其間，携載充分之炸彈，以毀壞其目的物。近代飛機能高飛至三萬五千呎，續航力達五千哩，而阿拉斯加乃全太平洋航空戰之關鍵也。日本能被從阿拉斯加以空軍直接攻擊。從美國至阿拉斯加，全係陸路，其交通易於保護。一方從阿拉斯加及檀島以潛水艦同時動作，可使日本之海上商業於短期內沒落。日本人對此種種，亦深知之。但以爲此際吾美之遊移不定之外交政策，致吾人在太平洋上毫無能力，此在目前或然。但美國人民具有偉大之活力，及作戰精神，此或爲日人所未見到者。吾美人每自視爲愛好和平之人民，但美國則爲列强中幾最勇武之一國，惟一方爲最勇武，一方則又最少戰爭準備耳。日本對於航空軍極爲重視，與對潛水艦及輕戰艦同與空軍以法國制爲模範。空軍所有人員及製造廠數，多過於美國所有。而日本之偵探制度極受獎勵，甚至派員往各處冒作種種人物，加入一假想敵之重要機關中，服務多年，刺探其秘密。日本所有最精細之間諜制度，乃特對於美國而設。在美國內其密探之存在，余(作者自稱)前曾指導實行一種試驗，結果證明戰鬥艦及任何式之海軍艦易於被從空中擊沉之，而日人對於此項試驗，竟稔悉其內容。關於軍備之裝備及組織，日本今日之軍隊較美國為優。亞洲之時局會有世界戰爭之種子，許多國家以為此時一種國外戰爭，於彼等可有利益，比得諸內戰或革命者為多。若太平洋上果有戰爭，美國勢必牽入漩渦，吾人之國防力尤其空軍及潛水艦，應努力整頓，擴充其效力，不斷準備之也。

日本野蠻之表現

美國各報對於日飛機轟擊閘北之詳情，皆大驚駭，紐約時報謂就最寬之意見而論，日軍司令已鑄成慘烈之大錯，彼等之意志，必不欲使華人稱為「日本野蠻之表現」；故日本於再進之前，殆必止步。該報又猜度英國擬待美國之首倡，英相麥唐納欲切知胡佛總統牽引英國加入足以引起遠東和戰問題之遠大計畫以前，已得美國民衆之贊助云。（二十九日紐約路透社電）

此處以上海傳來報告日軍有擲彈轟擊上海，美以美會報紙均示憤慨，謂轟擊無防衛

之民衆，雖在戰爭時期，亦屬違反國際公法之舉。（二十九日紐約國民社電）

聯合一致對付日本

大美晚報云，今日之事雖未出吾人所料，然已遭遇矣。日本以武力佔據上海，未曾得華方之任何知照，卽自由行動，此種事實殊令人茫然不知所可。日本鹽澤少將之行動。足令吾人驚惶，以爲係另一世界之事，中國對於日本之要求，答覆雖略遲緩，手續固已完備，日總領事已保證其所接受者爲完滿。然在「現時」而論，則彼直無異爲一無信之徒。就日本之立場而論，自去年九月十八日以來之武力佔據政策，實係一種最大之謬誤，日本無異直接將本國及列强對中國之維護，根本施以打擊，並將日本自身之榮譽及國際間之眞誠，全部毀滅，使中國之激烈份子益奮力於其工作耳。就昨日下午昨晚之變亂觀之，則上海之日本當局既已在其軍事當局駕馭之下矣。在今日情勢之下，一般人士莫不急切希望可以照常營業，欲達此目的，惟有靜候國際間之動作耳，其結局將如何，無人能預知之。據華盛頓消息，則美國外交當局業已從事進行對日經濟之絕交，雖歐美各國，目前均有其自國之國難，然就吾人詳細考察之下，則必能聯合一致，以猛烈手段對付日本也。況美國之對日態度已顯而易見，足爲此次行動之根原。此固非由於中美兩國感情所促成，實係日本罔顧一切，破壞國際情誼之必要反動也。將來之發展如何，須視上海之是否被佔而斷，然公理之必須得最後之表明，則殆無疑義云。（一月卅日時事新報）

如何恢復租界中立性質

大美晚報社論云，日本軍隊與携槍之徒，不僅失去其在上海保衛計劃中之效用，且已喪失其留居公共租界之權利，是以我輩今日關懷日本地位之心，已無異於日人之關懷我輩權利財產與生命矣。日本在名義上之地位，既與中國友誼未絕，又與他國協同保衛租界。但在事實上，則日本正與中國作戰，且以極不正當之道，利用公共租界中立區域，爲其作戰根據地。日人不僅以此種行爲妨害他日公共租界之地位，且以我輩所認爲極端不合之方法，自租界當道手中篡取警察權，而擴張其行使區域，至於他人當初所未嘗料想之地位，並濫用此權力作種種行爲，如縱火及屠害所拘之人等。是以公共租界當道，應立卽當衆表示，與此種過分舉動，絕無關係，並有以昭示公衆，使知他國及其僑民，絕未預聞任何侵犯中國之戰事，更應重行申明公共租界之中立地位，其地係外人安全居住之所，不能爲作戰根據地。當此中立性質既被蹂躪之時，欲圖恢復，應立卽要求下列諸端：（一）所有日本武裝隊伍，撤至租界以外，至少亦應將除保衛租界所必要者外，悉數撤去，租界巡捕復得行使職權。（二）解除日本便衣隊之武裝，若輩已自行證明爲一種凶頑殘暴不負責任之團體。（三）一切日本武裝隊伍，不得再在租界境內登陸。日人鑄此大錯，其可慘之記錄，已無術消泯，我輩今日所能爲者，惟有使公衆明瞭日本係孤行己意，至不參加戰事之日本人民，當然可以留居租界之內，與中國人民同受租界當道及各國軍隊之保護。但彼武裝日人曾辜負所託，而利用租界爲作戰根據地者，吾人唯有以二字對之曰「滾蛋」而已。（二月二日申報）

工部局應爲上海平民作保障

大美晚報云，工部局應卽正式要求，凡日本武裝兵士在公共租界內所拘之人，應卽解交正式法院審訊，而不受日本軍法之裁判。凡屬日本海陸軍下令殺死一平民，卽爲犯一謀殺案。日軍無權審斷中外平民，與常人不能自行審斷他人相同，此事宜使日本當局明白知悉。日本倘力謂非與中國開戰，則必開戰之時，軍法方略有法律上道德上之權力，以處置平民之生命與行爲。倘有平民爲任何國之防軍所獲，如欲審斷，須有專指之罪名，由有權審斷之法院辦理，而非軍事法庭也。若日本則一面旣言並非開戰，一面又執軍法在手，以審斷平民，此種無管束之舉措，已足以使其退出租界，歸工部局自管，況其他更有萬種理由，應使其退出乎。若謂工部局力弱，日軍力强，無法堅持，亦屬不合。蓋日本若不從工部局之要求，則日本之官與兵犯隨意入人於罪之罪名，自屬不法之徒，以不法之徒待之可也。卽凡屬自愛之警察，亦豈寧受不法之徒之裁制，以彼方人數衆多之故，而任其爲不法之事哉。故謂工部局宜卽號召實力，以實行其號令，爲上海平民作保障也。（二月四日新聞報）

紐約各報之公評

國聞社云：據本埠所接二月五日紐約電，美國各報對於日軍無故轟毀閘北，無不大動公憤，卽前此對於日本侵略滿洲之政策，作偏袒之論調者，亦因日軍此項對於並無軍事準備之閘北民衆，橫施砲轟，而一變其昔之主張。

紐約公論報 Hevald Talbune 社論云：從國際方面觀察之，日本在滬行動與地位，已一步不如一步，既誤於前，復誤於後，着着錯失，形勢日益險惡。彼東京當局，不自承過失，責令其海軍司令鹽澤，從速挽救此危險之時局，不尊重他人之權利，而竟曉曉置辯。

紐約晚報對於日本轟殺閘北馴良居民，尤極憤慨，其社評云：在中國外交史上中國固嘗屢受外侮，但凶橫殘暴如日軍今日所表顯者，實無前例可見。日本以制止反日運動爲藉口，竟密佈飛機，向繁盛市區濫擲炸彈，大肆焚毀，使無數和平之民衆，同陷空前之慘刼，此種殘酷行爲，爲歐西各國所未敢施諸中國也。

紐約時報云：就日政府所指方針言之，吾人雖欲以國際間之責任相爲勸告，亦殊徒然』。該報關於九國公約又曰，『簽約國在條約之下，儘可向日政府要求滿意之解釋，儘可反抗其在華之橫行不法，同時又可召集國際會議，以解決此極重大之國際問題，世界各國對日最後之判斷若何，胥視其對吾人莊嚴合理之表示取何態度定之矣。

租界中立問題

大美晚報云：工部局最近之公文，極足表明工部局不負此事之責矣，更可見工部局關於此事之聲明，其風度實與向來公認之意見，不相脗合。就吾人之大部分觀之，中立是任何區域，不與交戰國直接有關者之尋常存在的事態。此種中立，誠然或需特別條約保衛之。但此種條約，乃保衛自始自動存在之一種地位者。工部局公文，謂「公共租界無論何種之中立或類於中立之狀態，或存在者，此僅能由在租界有政治或其他利益之列强或各國間之公約或協定造成之。」吾人連其下「故此種中立狀態，僅能由此列强或各國維持而保障之，」一語讀之，工部局之言，似覺言之成理。然就中立之根本條件而論，吾人殊不能見其理之所在也。在戰爭之時，租界之地位，似不出乎兩種，即非中立，即屬交戰的是也。日軍既用租界爲作戰之根據地，已使租界呈交戰地位之象。但吾人覺外人全體仍堅主租界或被人妄用爲交戰行動之根據地，而其非交戰的（即中立的）根本地位，必須在技術上維持之也。吾人更須知租界之主權仍屬中國所有，雖喧賓奪主，然事實不可掩沒。吾人僅受信託代管此地，故當善衛此信託物，中國之土地，僅完全爲外國所有者，始能視此一隅之地所處地位，不屬中國的，或中立的，然公共租界非完全爲外國所有也。故中國當然有權希望公共租界守此最小便利之中立地位，凡屬外人，以租界之恆久爲懷者，悉當委身以維持此中立。若竟不能履行吾人之義務，則吾人所享之特別權利必將岌岌可危矣。吳市長最近公文表示之態度，吾人無可評論，茲錄其最後之一節，以爲警告，須知此爲不可避免的糾紛之朕兆，而引起之者，實外人之猶豫態度也。（按吳市長致工部局公文最後一節，即警告工部局嗣後華軍與用公共租界爲根據地之日軍作戰，外人生命財產如受有損失，國民政府不負責任是，）（二月十日時事新報）

不解日本是何心理

中央大厦一零二號華興證劵公司接紐約本月十日來電，內稱：查閱美國報紙論調，美報迄今一致駁斥日本所提中國五大埠設立不駐兵區域之議。今日紀事論壇報評論，可以代表美國輿論態度。內有一節云，日本當此時際，建議締一國際公約，以代九國公約，大約用武力使中國五大埠成爲中立區域，可謂乖謬之至。誠不解日本官場是何心理，未知是否由於出人意外之直率，抑以爲西方人士尚不明瞭日本目下在滬地位耶。

英國

英報論日軍暴行

今晨各報皆在顯要地位詳載上海消息，而視其他消息爲次要新聞。上海消息及美國對於日人舉動之消息，皆佔數欄地位，此外尚有特撰論文與社評，公共注意現完全集中於上海。每日驛報稱，日本帝國主義，已顯明的决心欲征服中國。要知上海非即中國，內地尚有力量可出與日本周旋，不過稍緩耳。日本加於中國之新侵略，其結果或不爲勝利，但爲日本黷武主義之自殺云。彙聞報今晨社論，批評日人佔據上海事，謂諺有之曰，眞宰所欲毀者，其人輒先發狂，日本軍閥今所爲者，殆此之謂歟。日本軍閥不獨驕橫，且亦盲行，除黷武外，不顧其他，乃日政府機關竟爲其支配也。日本海陸司令或行其心目中所視爲正當之舉動，但欲掩飾將來結果之異常嚴重，殊無所得也云。每日電聞批評新近之發展，謂前承認日本對滿態度之正當者，今鑒於日本竟在各國咸有極大利害關係的上海之極易爆裂事態中，逞其兵力，欲不疑懼，不可得也。日本自謂其所爲者，亦任何國所許爲者，此說固不可驟然抹殺。但日本果能控制危險事態，而使之不礙及他國所有與日本同一悠久之權利乎，此其關鍵也云。泰晤士報今晨社論，謂日本行爲能否有使南京政府醒悟之效力，如日本近所期望者，殊難決言。但恐適增長江流域之紊亂，或促成排外風潮之復活耳。一九二七年英日美意法會以海陸兵保護租界，今與租界有關係之十四國，因日本艦隊司令之斷然行動，而將愈增其責任云。著名新聞記者史本德在彙聞報發表一文，謂爲安全計，國聯或列强應與中日兩國辦理全部問題，必須爲滿洲製一種憲法，以保障目前秩序，並防止將來在中國紊亂時期中滿洲落於外人之手云。孟却斯德導報，今日載有社論，謂中國既已承認日本哀的美敦書之要求，而日兵復接以確實占據中國土地，中國人民之公憤，使提倡抗日抵制數次者，扣留與毀壞日貨。然無論如何，此種可指摘之行動，不足爲異。抵制之蔓延，如可爲日兵佔據上海華界之合法藉口，則日兵侵略中國之大部分，亦可同一有理矣。泰西各國在中國沿海之利益，視日本在滿洲之利益爲大，今已處於危險中，如彼等之商務與投資受重大之危害，則在原則問題上彼等所不願取之行動，今已有迅速採取之可能。導報之意，將來之發展幾久，全視日本與像依賴泰西各國所已表示之非常忍耐可再倚賴爲定，美國顯將歡迎英國合作施行更有力之政策，雖今日尚未成事實，但日人如再前進，則必實現。導報末謂英國在爭端之初步，如準備與美國合作，則今日上海之事變不致發生云。（一月二十九日路透社倫敦電）

日本侮辱國聯

今日孟却斯德指導報載有社論，謂當國聯行政會集議之時，日本竟毫不遲疑，以飛機與機關槍轟擊閘北平民暴舉，其侮辱國聯，莫此爲甚。此難稱爲戰爭，較之屠殺場，似尤甚焉。行政會於提告日本侮慢國聯冒險過甚一節，無多作爲，此實無疑。但有一節令人詫異者，即日本對付勞苦已久之行政會，是否尚未稍過分乎是已。上海與滿洲迥然不同，其地接近行政會會員列强之利益，而英國尤甚。到此地步，行政會幾不得不有所舉動。第一切政策而不顧及美國之態度，似難成功。美國今竭力反對武力之行爲，故吾人應與美國及行政會中列强所將加入吾人立於共同陣線者，施行對國際匪行之消極抵抗，此屬至少將爲起點云云。（一月三十日路透社倫敦電）

日本與世界輿論爲抗

每日電聞今晨社論謂爲日本之友者，現皆迷惑不解，自相詢問日軍炸毀閘北砲擊南京等之計劃，將造成何種結局歟？日本大國也，素矜其文明國之良好名譽，而其經濟前途又與中國大市場之發展有密切之關係。上星期五日日本哀的美敦書所要求各點，目的在保障上海日人之安全與權利者，皆已由當地當道，即能行使當地任何管轄權之唯一當道承認之矣，此後行動，試問將何以增進其合法利益乎？他國覩國聯兩會員國間之武裝衝突，驚心動魄，不能作壁上觀，或將從中調解，但必以任何代價以保護歐人之生命與權利云。孟却斯德指導報今日社論，謂日本無端轟擊南京，足爲其對華作戰之明證。又謂日本現圖强迫中國宣戰，則至少可稍卸去侵略之譴責云。彙聞報謂日本目下與世界輿論爲抗，今非將此節更令顯明，則日本仍將暢所欲爲而受譴。泰晤士報今晨謂上海集合約束的大軍，實爲挽回中日正式戰爭最佳之希望。惟日本海軍之意志，如能更可信任，則此希望可大見鞏固。上星期鹽澤少將之命飛機作野蠻的轟擊，大損外人之情感，外人固自始表同情於日政府也。今絕對必要者，東京政府之文治份子應恢復控制其本國軍隊之權。泰晤士報又謂集於上海之軍艦與外國兵隊，應商定一種統一指揮權辦法，俾新急變突然來襲時，可卽定應付之決議。泰晤士報今日社論，謂外相西門所報告之遠東政策，定爲英國輿論所贊同。今公共所要求者，僅在以必要的毅力，實行此政策耳。美國反對日本過分行爲之輿情，現較英人爲甚。日本現須知其在華海陸軍代表之行爲，已漸使全世界輿情反對其國，日本今已喪失其前所享受之許多擁護矣。日人交戰者在上海之種種不規則行動，已表示其遠不合於文化之高程度。從前世人對於新日本，稱爲有文化高程度，今則對於日本漸失同情，此乃與最後解决不能無影響者。上海解决，較諸滿洲尤須爲國際性質之解决，除日本外，各國在絕大貿易中心點之上海，咸有極大的固有利益，斷不能消極，而聽日本以暴力造成一種特惠局勢也云。（二月二日路透社倫敦電）

希望防免慘狀

字林報云，本報迭接公正人士來函，述及虹口一帶慘痛情形，而可靠之實際遭遇報告，亦時有到舘。若輩皆不能視爲排日宣傳家，而其所述，亦係實情，良屬悽慘。此際時局，已極複雜，本報不欲再加暢論，致益增複雜，第日當道對於若干日人不受節制之行爲，既以表示遺憾，深信必已設法防免，再有此種過分舉動。倘能再昭示公衆，其軍隊已奉有命令，對於普通人民應遵行防免發生前數日悲慘記錄之公約，則更善矣。（二月四日申報）

工部局應聲明租界守中立性質

字林西報云，工部局總董麥克諾登，前嘗函復市政府吳市長，內稱日本在租界內之軍事行動，應由日本自負其責等語。太平洋聯合會中國股總幹事陳君，頃函工部局總辦事員費信惇，請工部局於中立性質上再行聲明一次，以清界限。蓋日本至今尚告世界，謂開戰之故，乃照工部局之委託防衛租界，故而盡此責任等語。日本每次派兵前來，輒以此言爲口實，每次向中國軍隊作戰，輒謂爲防衛租界起見，不得已而然。故非工部局明白聲明，則日本用兵於中國，將使人謂爲工部局所默許。此項問題，誠屬繁難。一則日僑爲上海租界人民之一部分，故其政府亦經招致，以盡保護租界中立之責任。然一方面日兵又向中國取開戰之舉動，故工部局宜聲明自己之地位，使世人不致誤會，以爲日軍在上海用兵，乃防衛租界所必須。工部局不欲爲世人所誤會，則當否認此責任，使世人盡知日本在上海之舉動，到何種地步爲在所委託之範圍內，何者爲日政府反對中國之舉動，完全與防範公共租界無涉云云。（二月六日新聞報）

其他各國

滬難與日本

上海之火災隨時可以波及世界

晚間各報均以廣大之篇幅，登載中日事件，右派各報只照錄關於此糾紛及國聯會各方對此問題之電報。自由派各報對於日本，予以嚴厲之批評，謂其行動，儼如「以火投諸火藥之上。」一不斯日報謂，正當中日兩國兵士奮鬬之時，出席軍縮會議之中日代表態度，最足玩味。又謂日本軍隊之新式組織，遠勝於中國，結論謂上海之火災，隨時可以波及世界。柏林日報謂，日本哀的美敦書既經上海市長接受，則日軍之侵入，有何理由？閘北中國軍隊司令官加以抵拒，實極正當，無人可加以訾議。民主派機關報謂，由歐美人觀之，似戰爭之神帶有日本之標記者，日本正在進行，中國固無能力，但事實上或不盡然。國家主義派機關報謂，日本於此時向中國進展，實足表明其爲政治上偉大之實行者，緣在此時世界政治之力量，正用於他處，英法兩國當然立於旁觀地位，美國之對遠東亦三思而後行，歐洲復在崩潰之中，宜乎日人之敢於放手行之也。（二十九日哈瓦斯柏林電）

晚報抨擊日人在滬之行爲，伏錫志報稱，當中日代表行將集於一室，討論軍縮之時，其軍隊居然彼此血戰，此誠奇恥，亦極荒謬。確可無疑者，日本利用世界經濟恐慌，以期征服中國，而爲東方之獨霸國。今攻擊上海之舉動，將使人必須詢問惟一有國聯非戰公約與軍縮會議，戰爭仍可作否乎？（一月二十九日路透社柏林電）

日轟上海世界不容

中央黨機關報日耳曼報謂日本猛烈攻擊上海，實因中國反對日本侵佔東三省舉行抵制日貨而起。自一九〇八年以來，華人屢以抵制貨物之法抵抗外國，常奏功效。惟其效果之激重，從未有如此次中日爭端之甚者，此日本所以採取爲世界輿論所不容之手段以對付之也。（一日哈瓦斯柏林電）

列强對遠東事件所採態度

中央黨白魯寧總理機關報日爾曼尼亞報，觀察列强對遠東事件所採態度謂，美國多數政界人物，以爲日美衝突，勢不能免。但美國不願與日本開戰，蓋即使戰勝，美國經濟發展，至少將較他國落後二十年。法國在遠東方面經濟利益有限，故巴黎政府，對於時局，僅作通盤籌畫，於事已足。至於英國態度，則遊移未定。按首相麥克唐納之理想，則英國將協助國聯會，增加其權威，以應付中日困難之問題。但英國向有若干政界人物，專就英美抵觸之點，以判斷英國外交政策。此等份子，見日本在太平洋中，推行其發展政策，以減削美國地位，恐轉將額手稱慶也云云。（一日哈瓦斯柏林電）

法國不願入一蜂窠

法國各報雖毫不低視上海大局之嚴重，但並無張大事實之趨嚮，就各報之評論觀之，法國不願入一「蜂窠」，衆意公共租界與法租界保護殊爲周密。巴黎迴聲報言，列强出而干涉，徒足增重局勢云。（三十日路透社電）

日本今將受一教訓

軍縮會議雖爲今日巴黎各報評論之中心點，但遠東問題仍不落後。巴黎迴聲報之評論中，謂英美對日四個月之忍耐今顯已終止，兩國今無一願聽各事滔行再遠，日本今將

受一教訓，而限制其在華之目的物云。（三日路透社電）

上海南京事件不能忽視

羅馬特利布那報評論遠東時局，謂上海南京事件，不能如滿洲之忽視，日本攻擊寧滬兩處，簡直攻擊另一國家。故此問題乃與當地有關係各國之問題，而非以舉動紓緩，事後追論爲手續之國聯問題云。（二日路透社羅馬電）

剖腹自殺

十一日「日內瓦報」之星期四號內，載有社論一篇，其標題爲「破腹自殺」。該論文，對於國聯行政院上星期二之會議，表示不以爲然之見解。此次會議，曾使一般參加者皆受到一種不舒適而痛苦的印象。吾人方面與其見國際道義的變節現象之延久，毋寧見行政院發表一種莊嚴的宣言以塞責，蓋此舉雖無榮譽之可言，然總勝於虛無一物也。日本代表如辯答而離走，則吾人當向之祝一帆風順之詞，蓋無日人而生，不應爲日人而自殺也云。

第八章　滬變後日本國內狀況

自日軍犯滬，其國內情勢若何推移，當爲國人所樂聞，茲就日本著名報紙之記載，（東京時事新聞東京報知新聞大阪每日新聞三大日文報）爲有系統的分類撮譯其梗概如下：

外交

日本以既定方針，破壞世界商業中心之上海。當事變之前，意以爲滬軍亦若東北軍之無抵抗，將上海全埠華界，視如探囊取物，必不碍及租界，亦無意外外交問題發生。迨事變既起，迭戰敗北，日軍頻以飛機槍彈，危害公共租界。駐箚東京英美法三國公使，先以口頭警告日政府。至本月二日，正式接到各國政府訓令，英使林德利，美使福勒士，法使馬爾太，聯袂訪芳澤外相；提出三問題：（一）請日政府勿續派軍隊往上海；（二）於中日軍之中間，設中立地帶，同時請日軍迅速退出公共租界；（三）中國軍亦撤退至一定地點。當時日政府對於一三兩項，不願承認，第二項中立地帶，因無具體的指明，爲作戰上之便利，絕對不允後退一步，於是三使不歡而退，芳澤則言明三日內當正式答復各使。惟斯時日政府內部，對於三國此舉，認爲干涉軍事行動，頗感困苦，僉主從長計議。是夜，芳澤與犬養毅及大角海相，荒木陸相，協商復牒，因陸海二方面之態度强硬，當場議決復文要旨：（一）日軍續派與否，須視中國方面情形而定，但爲保護上海權益，在必要時，仍須續派自衛軍。（二）日僑之生命財產，若委託第三國保護而撤退日本軍隊，應調查上海現地情形後，方可定奪。（三）令中國軍隊先行撤退，減少兩軍衝突之危險。同日東京接到華盛頓與英美兩國對日直接協定之提議，並悉日內瓦英代表德馬司態度强硬，主張停止雙方武力的敵對行爲，撤退戰鬪員，設立中立地帶，保護公共租界，由中立者擔任治安之責。且根據非戰條約與十二月九日國聯理事會決議之精神，未附何等保留，以中立的第三者之力，促中日兩國速行交涉，以解決兩國間重要紛爭事項。其他意法等國，亦與英美協調，竭力主持，而日內瓦形勢，似多不利於日，對於日代表佐藤，異常注目，而日代表斯時鑑於各國態度對日之不滿，已漸軟化。故翌日（四日）東京時事新報社論：題爲「英美兩國之正式抗議」發表意見曰：「望日軍自重，切不可擴大無益糾紛。蓋滿洲問題，已喧傳於世界；上海爲古來東洋之一大商港，歐美人之雜居該地者甚多，國際關係，非常複雜，該地突遭兵火，比滿洲事變，尤爲嚴重，如驚動全世界，萬一誤解，必引起與第三國之重大不幸事件。……」是日，芳澤以情勢險惡，赴興津坐漁莊訪問西園寺元老，報告英美法意列强之態度，請示對付方針。及芳澤返京，又與犬養毅會商，犬養遂向全世界發表聲明，反誣中國爲破壞和平，並求各國認淸事實。其聲明書散發於美國上院外交委員會以及各議員，作種種巧辯，掩飾其殘暴事實，顚倒是非，淆亂黑白。於是華盛頓倫敦各方面，竟爲所蒙蔽，形勢頓變。歐洲各國新聞，亦刊登犬養之聲明書，對之頗表同情。日以其術旣售，乃於五日閣議後，在犬養私邸，召集大角海相，荒木陸相，芳澤外相等，討論上海問題，决採旣定方針進行。六日，大阪每日新聞，乃揭載「美國得日本之回答空氣變佳」之標題，略謂美國駐日公使福勃士訪芳澤時，報告美國政府諒解，日本頗爲樂觀云。

經濟

自滬事發生，日本財界，受極大的衝動，陷於大混亂之境，茲節譯大阪每日新聞。東京報知新聞，東京時事新聞，所載關於經濟方面之消息如下：此次我國（日本）財界之演成大混亂狀態，不獨對華關係，卽對美對英與國際聯盟，均受重大的影響。今後形勢之推移，難以預斷，而在經濟界不安氣象之增加，日甚一日。自本月一日以來，股票國債生絲棉絲各市場，完全大暴落，其最險惡者，爲賣方之紛亂，幾至無法收拾。匯兌行市，對美激漲。加以美國誤解我國（日本）之立場，深可憂慮，以致金融業痛苦萬分。而美國銀行界謂中日兩國在東洋戰爭，勢必向紐約倫敦金融界募債，美國已表示拒絕，將來國內外資金之需要供給，恐發生阻碍。加以一月份之輸入額，超過四千五百萬元。輸出七千餘萬元，輸入一億一千餘萬元。及上海事變後，產業界已陷於危險萬分之境，將來趨勢，尤不堪設想。上海郵船之戰時保險，已爲保險會社所拒絕，在華紡織事業，恐長期閉鎖，一時決無再開之可能性。米穀一項，六年度之日本內地產量，爲未曾有之歉收，竟減少一千二百萬石。近來因上海事變，米價高漲不已，普通生活品，亦隨之暴騰，因消費者之苦痛增加，社會上遂呈不安氣象。且法國對日本之輸入品，增設附加稅，對外貿易，又受影響。最可慮者，中國南部排日氣燄甚熾，如廣州，汕頭，厦門，以及新加坡長江流域各埠，突聞滬變，驟增排日熱度。雖最近變更輸入口，經由青島而散售於各地，但天津北平，反日形勢惡化，貨物之轉運，大感困難。從前每當廢歷年關，中國與我邦（日本）貿易商，交易最爲繁盛，今完全停滯，是以經濟界前途慘澹，足抱無窮之悲觀。

財政

自滬變突發，大角海相於本月一日午後，與高橋藏相會商經費之調濟。結果，由大藏海軍兩省事務官，着手預算需要費，連同外務陸軍兩省之關係費，追加二千萬元。但爲應目前之急需，照第二次之緊急處分，以公債財源塡補之。其後復經各閣員之討論，突增加至四千萬元。查目下急迫待用者，爲總選舉之責任支出額，計三百三十萬元，（

內務一•八六二，司法五六三，遞信九六二，）其他再加司法遞信之費用，共需總選舉費四百二十七萬六千元，關滿洲事變費三百五十萬，亦包括在內。然自金輸出解禁以來，現金之流出，財政上已深感周轉不靈，六年度預算編制．本已拮据，七年度實行預算編定方針，於本月二日提出閣議決定。今突然增加此項鉅額臨時支出，羅掘既空，不得不在公債方面籌畫。但國民對於國債，咸感無力負擔，故未來之難關，實不可思議矣。

生產

據報知新聞載稱：日本去年因遭荒旱，全國各地，收穫大減，米穀產額，減收二千萬石。加以經濟恐慌，失業增加，頻於飢餓者，日有所聞。茲據岩手縣衞生課之報告，農民之死亡率，單就二戶，九戶，岩手，和賀等四郡而言，自去年十月至十二月，在三個月之間，因飢餓而死者達千四百五十四名，每日平均約十六七名。其病死之大原因，皆爲貧血，乏食，消化不良，營養不良等所致云。

政府

上海事變，日政府部內，分爲二派：(一)官僚派，主張緩進。當一月二十八日接到上海市長吳鐵城之答復，五項要求，完全承認，此派大多數認爲滿足，不願再發生兵禍，以惹起國際間重大糾紛。不料當晚禍變爆發，初時尚以爲一舉可解決華軍，必不致事態擴大，故皆不以爲意，專事於選舉運動。(二)軍人派，主張武力征服中國。此派之主腦爲海相大角，陸相荒木。彼輩所以堅欲用武者，厥有二因：一受旅滬日僑之慫恿，二受滿洲之影響。蓋日僑自奪取滿洲後，嘗煽惑軍人，侵略上海。意謂上海爲東亞第一商場，亦爲日本對華貿易之主要輸入口，而上海又爲排日出發點，若欲消滅中國各地之排日，不得不先將上海完全佔領。上海旣爲我(日本)勢力範圍，排日氣燄，自可消滅。此不惟日僑人人皆抱同一觀念，卽政府內部，亦具此意見。故前月二十以來，在滬紡織業者，召集秘密會議，咸反對閉鎖工場。其後因政府決欲從根本的用武力解決，不得不强令一部邦人，(日人)犧牲利益，然九大紗廠業者，(內外棉，大日本紡，日華紡，裕豐紡，東華紡，豐田紡織，上海製絹，同興紡，)尙猶預不決。至二十九日，因鑒於情勢險惡，深知戰禍難免，始決定總閉鎖。（大阪每日新聞所載）果於閉鎖之晚，海車開始動員。所謂受滿洲問題影響者何，卽九一八夜不抵抗而得奉天是也。彼等軍閥，以爲瀋陽有如許大軍，尙不敢抵抗，上海一隅，僅駐少數軍隊，易如反掌耳。故中國方面，無論如何滿足答復，總不若用武力佔據之爲當，此爲軍人派之預定計劃。豈知天下事有不能如願者，滬變起後，政府迭接敗耗，舉國上下，怨讟叢生，國際形勢，日趨惡化，自號爲一等强國，豈甘屈服於不列等之中國，故仍堅决進行。但深恐戰禍擴大，引起第三國干涉，於是政府內部，有主張由第三國出而調停，俾得顧全面子者，此最近日本處於騎虎難下之勢也。

物價

農產物方面，日本全國之產額，本已不敷供給，去歲北海道東海道東山道等區，又逢凶年，農產物之收成，頓然減少。獨就米穀而言，去年減收千二百萬石。加以朝鮮米昭和六年度，實收額爲千五百八十七萬三千石，比前年減少三百三十萬七千六百八十石。台灣米去年實收爲三百八十五萬千四百石，亦比前年減少三萬七千四百七十八石。歷來我國(日本)素仰外米調劑，本年外米輸入，雖增至六十五萬七千元，然尙呈供不應求之勢。而各地因鬧饑荒，形勢混亂。如本月三日青森縣等地方，因發生救濟食米問題，大起騷動。此次上海事變，貨物航路完全斷絕，橫濱至上海與神戶至上海二大航線，輸送既停，一面由滬歸國之難民，已達九千人，而僑居上海之日僑二萬五千人，今亦半數返國，又不得不仰給食品於本國。加以自金輸出再禁止，匯兌暴落，物價之指數，已逐漸高漲。據日本銀行所調查，一月份中之國際物價，東京竟居全世界之第一位，(東京爲一二六・八，倫敦爲九八・八，紐約爲八六・四，巴黎爲四一・三，而倫敦紐約巴黎，均比十二月份爲廉，獨東京高漲，)蓋滬變之關係，實使匯兌急變，金融阻滯，需供失衡，物價遂陡然狂騰，恰與大地震時之現象相類。據日本銀行最近之調查，日用品中之米、煤、糖、醬、油、蛋、綿、魚、薪，麥、肉類、等、皆繼續騰貴不已，倘戰禍延長，則社會上必發生大恐慌。目下人心惶惶，一若大難將至，此種景象，不惟東京如此，卽大阪京都以及全國各地，亦莫不皆然也。

貿易

本年一月內之貿易，旣如上述，輸入則竟超過四千五百三十二萬一千元。其重大的對象，因中日關係之惡化，其間貿易品之重要者，以生絲、棉織品、絹織物、精糖等，比前年同月減少達千八百九十四萬元。又查昭和六年度對華輸出額，比五年度減少九千六百五十餘萬元，實爲昭和元年以來之最低記錄。且不惟輸出減少，卽由華輸入，亦減少百分之二十五。原來我國(日本)以中國爲唯一商場，我國(日本)貨物，除上述生絲棉織絹織物精糖外，紙類、煤、機械、水門土、帽子、玻璃製品、洋傘等雜貨、亦爲大宗。此等商品，因滿洲事變已受極大打擊，今上海事件勁發，當業者所受之苦痛，不難推想。如大阪之製糖工場以及大里日糖工場，皆相繼閉鎖。次爲水門土，我國(日本)素以法領印度支那、香港、上海、爲大主顧。自滿洲事變，激減十分之五，今上海方面輸出又告杜絕，對華水門士貿易，已完全停頓。又次爲紙類，年額約二千五百萬元，其間十分之六向中國輸出，獨上海占十分之四。煤之輸出，每年八百萬元，完全向上海輸出，今亦已斷絕矣。他如大阪神戶之中小商家，關於水產物陶磁器帽子洋傘玩具等，皆陷於絕境。輸出既不能，而素賴上海方面供給之毛、皮、糠、麩、胡麻、棉子、菜子等原料，亦無處購求。以致製革業者失業，農作物衰微，且間接所受影響而失業者，不下百萬人，此誠我國（日本）立國上之一大危機也。又據日本大藏省公佈，自二月一日至十日，旬日之內，日本主要十六港對外貿易，輸出二千五百四十萬五千元，輸入四千四百五十八萬三千元，是輸入竟超過千九百十七萬八千元。入超之原因，乃內地物品缺乏，輸出減少之原因，即上海事變所影響。且滬變既起，華北華南各埠，亦間接不能輸入，銷路滯遲，此二月上旬貿易之不振，實陷於空前未有之悲境。茲錄其十六港輸出入超過之額如下：橫濱入超一・七三七，神戶七・九六五，大阪五・〇二……司七六三，函館五四，名古屋二・三八九，四日市四四三，清水四七……一，小樽四〇一，若松四〇〇，武豐二二六，尾道系崎六〇，德山二四……等，

加注：原书此处有缺失

德山與武豐毫無輸出。

思想

日本全國自受蘇俄革命之影響，十年來民生主義社會主義共產主義之思潮勃興，社會上漸有不滿政府之趨勢，學術界與勞動界反對政府尤烈。蓋彼輩直接所感物質的精神的痛苦，屢圖推翻其政治組織。惟是政府防範綦嚴，無由發洩。二月十一日，爲日本神武天皇建國紀元節。東京帝國大學自治學生會，突於十日午前十時，在帝大校內走廊前，開學生大會。時各級散課，學生千餘名，齊集三樓十一號大講堂，用長約一丈之紙，大書「推翻愛國學生聯盟，」「打倒建國祭」「帝國主義戰爭絕對反對，」「減少學費八十元，」等標語，作成大旗，飛揚戶外。復由窗中屋頂散發赤白傳單，多數學生，相繼演說。會議後。方欲結隊遊行示威，忽有附近本鄉區富士署署長及稻村警部等，率領警官隊百名，分乘汽車，連合坂本菊屋兩署警官隊馳至，立將學生團四面包圍，與學生團大起衝突，當場受傷者數十人，結果有二十餘人爲警官所捕，並將羣衆驅散。（東京報知新聞所載）又大阪高等商業學校前數日亦發生學潮，其他各地聞風響應者，時有所聞。是足見日本知識階級思想不安穩之一班矣。

淞滬和戰紀事

弁言

宋之亡也，鄭所南有心史之編，明之亡也，朱姚江舜水有陽九之述，均之發奸誌恨之作也，然所南之書，沉之井底，待數百年而始出，姚江之書，刊諸海外，迄脫今始入中土，文網之酷，叔世爲厲，其不及於遽滅焚禁者幸矣，今運會所遭，同於明宋，而文禁之密，乃又過之，喪亂餘生，不敢苟自保惜，輒復取淞滬和戰屈辱近事，略爲比次，去僞存眞，欲以備一時之實錄，題曰淞滬和戰紀事，更復冒禁刊行，所期發奸誌恨之言，不廢於當代，而憂世君子，或得因其所誌，因其所發，進而求所以鋤奸雪恨之計，則著者未盡之望也，第一編紀淞滬戰役，以其事極綜錯，於概述之後，附分疏若干章，第二編紀停戰協定，以其事較直貫，紀敍之法，略異前，其有個人談話團體宣言，足備一時史實，不忍割裂者，悉別爲附錄，以殿編後，於將來圓桌會議，亦擬繼續編述，事求徵信，逐節引據不復能計及體例之一致，删潤裁剪，是有待於世之君子，是爲序。

淞滬和戰紀事編目

附錄……一〇八

淞滬和戰紀事

第一編　淞滬戰役

概述

東省變起，蔣介石張學良輩以不抵抗三字棄三省，國人詬怨滋甚，國民黨既集四全大會於甯粵，一致團結定共赴國難之議，中委尋集首都，僉以蔣介石躬召國難，爲統一之梗，共謀去之，蔣介石知非暫屈不足以求伸也，乃陽言退隱，陰布險蹊，去之日發布改組蘇浙甘贛四省政府之令，已系軍人，列戟開府，用以齮齕新政，果也蔣去而九省聯盟之說起，據關截稅之事作，一時鄞甬道上，冠蓋如雲，以召國難去者，又以赴國難來矣，汪精衛者，素稱熱客，時與蔣系陰相結，託病居滬，共謀不利於新政府，聞蔣出，扶病迎之於湖上，相語大悅，病霍然瘳，於是汪蔣偕入，而孫陳偕出矣，時二十一年一月下旬事也上距蔣氏之離京，不逾一月，昔吳稚暉氏喻人之以退爲進也，謂其勢有如拳師佯敗倒地，而驟起一飛毛腿以蹴人，蔣氏此番之出處，蓋完全有得於吳稚暉之妙譬也。

蔣介石既以「對內不妥協，對外不抵抗」(馬君武書中語)爲其中心政策，故於復出之先，特重申不抵抗之義，其說見之蔣氏在寧波小學紀念週之演講，京滬報紙，多經錄載，篇中侈言人强我弱之點，不及備引，而其要指所歸，不外證明不抵抗主義之爲得策，謂中國而苟冒昧與日戰者，則三日之內，沿江沿海，將悉爲敵人封鎖，幷謬解總理遺教，以實其誣，以爲斯言既出，可於三方獲其效，一則張學良方以喪地辱國，爲舉國所棄，我則獨爲張目，殷殷保字之，必德我而爲之助，異日內爭可資爲爪牙矣，二則已身方以優柔誤國，爲世所議，今既將敵我之勢，和戰所關，反覆剖辯，且託之遺教以示信，將見以前之含忍，實持之有因，今後之屈服，亦難之不得卽喪權簽約，人當諒我矣，三則對日示屈，求無不獲，敵人當不勞再以兵相劫持矣，結果，期待於國內者，未甚副其私願，明者起而詬閙，強者益用憤懣，其在日本也，則東京報紙，均用大字刊載其言，朝日新聞且爲之按曰，「三日亡國之言。發之中華之首長，使帝國一舉而克支那，眞天與人歸之盛也，」滬案既起，日軍司令，信蔣介石言之必有據也，比例以計之因有三小時佔領閘北之豪語，公共租界工部局西人，亦信其言之必有據也，因有假道日軍之便舉，結果三十四日之戰爭，於以延續，繁華之商埠，遂成燼灰，而使中國軍民數十萬橫丁死傷流徙之痛，破家亡邑之悲者，固由日帝國主義直承其咎，然而輕啓戎心，一言喪國，則蔣介石之罪有不容辭者，故敍述滬淞戰役，不能不還溯及蔣介石在寧波小學紀念週之演辭。

滬戰發生於一月廿八日夜十二時，由於駐滬日海軍向我閘北駐軍突施攻擊，戰遂開始，吾人於此，所以不復追敍滬案始末者，則以滬案本日人凌我時所藉口之事故，且其事既由忠謹親隣之吳鐵城市長，出以「貶損國格，抑遏民心」，（二月七日江蘇國難救濟會宣言中語）之大勇氣，使日人獲得「完全滿意」之答覆，（滬案領團報告書中語）則其事在日人方面，自無緣之以再與軍事動作之理，故滬戰實可云另一突發事件，與所謂滬案者，云相關而實無關者也。

淞滬戰役中抗日之主力，爲十九路軍蔣光鼐蔡廷楷所部，先是該軍在贛，首阻蔣介石侵粵之議，其移節京滬也，又出之粵方之要求，云以策和會之安全者，蔣介石既復起，疑蔣蔡附粵，方謀檄之他去，合力剪除，此江蘇耆紳馬良黃炎培等通電中所謂「十九路軍方在憂讒畏譏之時」者是也，（見二月七日申新各報）會滬案起，日人思攫租界於閘北，宋子文孔祥熙等固有大宗地產在閘北，利其繁榮，因以其益動蔣氏，時蔡廷楷於報端發布談話，謂「守土有責，將與上海共存亡」，蔣宋等既慮該軍不親附，謂戰既有忤隣交，卽倖勝亦促其自大，圖之益急，因有憲兵六團接防閘北之命，未成而戰作，此滬案領團報告書中所以有「限期短促，撤兵爲不可能」

之句，（見二月十日申報）蓋實隱含此一段移防不及，屈服未成之事實也。

敵軍既震於蔣介石「三日可亡」之言，易視上海事，故其初接戰者，僅鹽澤司令所部海軍陸戰隊及交綏而大敗，乃飛援踵接，時中委孫科等在滬亦飛電中央乞援，幷傳檄各軍，趣其請纓赴敵，一時海上人民團體，及各界聞人，均紛電催援，各同鄉會幷分電本籍軍人，趣其應敵，各省軍人，復紛紛響應，羽檄交馳，時蔣介石汪精衛託名長期抵抗，移都洛陽，蔣介石幷傳檄各軍，「枕戈待命」，一時各省聞風請命著，自南自北，如火如荼，是時敵軍雖屢膺懲創，然空軍發揚火力，我方摧毀過當，時我方飛機，集首都者凡四十架，但政府不肯下令援滬，路透社電傳其消息，滬人士益用焦憤，時朱子橋將軍方以籌賑留滬，因與蘇紳黃炎培等電詰政府曰，「果報載屬實，是政府甘心棄民誤國，度諸公必不出此」，（見朱慶瀾等陷電，各報均載），其他措詞類此，或過此之函電，日必數十通，具見各報，不能悉載，時胡漢民先生在香港亦發布談話對國事主張歸結四項辦法，（見後附錄第一篇）而於政府之遷都避難，棄軍不援，尤致其殷切之憂念，蔣介石私心，既欲剪除十九路軍，自不利其終勝，故始終「不派一飛機助戰，派一師兵增援」（孫科等世電中語）惟與汪精衞等「各攜宋美齡陳璧君孿雙竄洛陽，纍纍如喪家之狗」，（馬君武書中語）

在此舉國上下，竭智盡慮，全神貫注，一致抗日聲中，蔣介石汪精衞二氏，獨不能已饑已溺，同天下之憂，而獨攖其特殊之心病焉，卽請纓之軍旅，與請援之民衆，如何應付爲宜之兩問題是。

汪精衞言辯而僞，足以罔民聽蔣介石行譎而厲，足以御軍旅，經會商之結果，於是分工合作，各運其長，汪精衞應付請援之民衆也，日「政府絕無聽孤軍失援之理」，惟「事求密成」，「安危所關，不容露布」，并由行政院祕書處代汪發布銑電，斥國民之缺乏常識，（見二月十七各報），謂不應強聒，使政府以不宣露佈之事付之露佈也，果也國民度心揆理，信其不致失援也，請援之聲日以寂，蔣介石應付請纓之軍旅也，則曰「國家有整個計劃，宜待後命」，果也全國軍旅，憚於嚴令，悉陷於

「有途莫假」，「無路請纓」，之苦境矣，此際突有一事，衝決蔣介石之藩離，而為蔣介石所極端焦惱者，即俞濟時軍之自動參加作戰是該軍本蔣介石直屬部隊，原駐防京杭一帶，聞滬戰作，「全師將佐堅求何應欽與淞滬衛戍司令陳銘樞，派彼等赴滬，助十九路軍作戰」，（錄二月六日新聞報宋子文談話）其時蔣宋等更恐他軍繼起效尤，將剪除異已軍隊之計，不獲終遂，乃由宋子文在滬作恫嚇之談話曰，「各軍事長官未得軍政部長命令，自由動作者，雖激於愛國熱忱，亦須受抗命之處分」，（載二月六日各報）夫宋子文本非軍事首長，何應為此出位之言，所以然者，則以蔣宋關係，為世熟曉，言之不啻代蔣介石立說也。

滬戰在敵軍數度增援中，我軍仍繼續保持其光榮之勝利，汪精衛既以「軍密不便露布」之說，杜執民衆請援之口，同時於京徐各地時時發布運軍忙碌之偽消息，以娛民聽即滬事將覆前三日（即二月二十七日）汪精衛在徐州車中，猶作上海已開到援軍甚多」之誑語，（申報三月四日徐州通訊）以欺民衆，但滬上聞見較切，援多與否不似外地之可以欺朦，於是宋子文等又造爲不須多量援軍之言，謂「戰線甚短，僅足容一團兵力之分佈也」，(見六日宋子文談話) 更託其言於陳銘樞氏以見信，以陳固軍家，又與蔣蔡有夙緣者，以此滬人士亦多信之，蔣介石以「總個計劃」之說遏援軍，汪精衞以「不容露布」之說蔽民衆，在遠也騙之曰「援軍甚多」，在近也騙之以「無需援軍」，軍有軍之騙法，民有民之騙法，遠有遠之騙法，近有近之騙法，因人而施，因地而異，信手拈來，條條是道，蔣汪宋等眞集騙法之大成也，聞「率天下以仁」矣，聞「率天下以暴」矣，今又見有「率天下以騙」，者眞政軌中空前之發現也。

滬戰中人民方面踴躍輸將，爲值得大書特書之史實，海外僑胞寄款犒慰者，亦如川之匯，如星之流，三軍之士，溫同挾纊，用能勇氣倍增，以寡勝衆，然終有種種必需之物，爲慰勞品中所無，而罷市期中，又莫從購置者，如運輸汽車，鐵絲，麻袋，水瓶，跑鞋，之類。雖或人民聞訊捐助，然瞬息之際，已失巧遲，此所以

「運輸艱難」，亦爲後來撤退原因之一，（見蔣蔡戴等將士冬電）。吾人苟一回省，從前每度內戰時，蔣介石對於兵站設置之周備，俞飛鵬賀耀組等率先於戰前奔走川陸，饋糧轉餉，備船扣車，栗碌之狀，今內外之勢既殊，難易之差逈隔，有不爲之痛心雪涕者乎，（港電胡漢民先生得十九路撤退通電曰「吾人讀此泣血之詞亦惟有爲之雪涕」原文存附錄中）

蔣介石對於已屬軍隊，既以「總個計劃」或「別有防務」（致梁冠英電中語）等語，遏其請纓赴敵之心，其對於自動赴敵之廣東空軍及張發奎軍，亦加以阻遏，張發奎部將次全州，何成濬承蔣之命，阻其假道，謂張部過鄂，行且陷漢口爲上海第二，以故張軍卒被阻絕，中委孫科等慰十九路軍電文中所謂「自動馳援者，有途莫假」，即指此也，空軍援滬，既至南昌，何應欽以避免事態擴大爲言，不給炸彈，其近在蘇杭之飛機，亦不令出發，以拯上海之危，卒之日本飛機，反得迎擊之於蘇杭，結果蘇州則機師蕭德與機幷殞，杭州則燬機六架，求全而反毀，徒貽敵笑，蔣介石之通電曰「不意我愈忍讓，彼愈蠻橫」，（見一月卅一日各報）此眞自其下意識中所潛流之誠實供狀也，所謂「不意」云云者，蓋其初意，以爲我苟忍讓，彼必不再蠻橫也，此卽不抵抗主義之所緣生也，惜乎蔽於私慾，中毒已深，知其非是，不能終還，「不意」云云，終爲口頭之迷復，而不克證之於行事也。

蔣介石既對外無以徹底覺悟不抵抗主義之非，而對內又爲剪除異己之私意所蔽，故赴援之事未聞，妥博之途紛進，在一月卅日倉皇北遁時，猶於蚌埠車中，發「外交有轉機」（二月一日申報蚌埠電）之言以相慰藉，汪精衞亦屢言「外交爲當前之應付，軍事爲最後之準備」，（二月十七日申報）樞府既徘徊於和戰之歧途中，於是在我則懈軍中之氣，在敵則收操縱之利，故吳鐵城等因得緣爲奸利，於日方大戰敗沮之後，增援未到之先，甘敵之計，請求休戰，（參看二月十日申報國聯滬領團報告書），使敵得鞏固工事，待援反攻，日本中國，均爲外交軍事二元政治之畸形國家，日本則軍事得外交之掩護而進行，中國則軍事受外交之牽累而失敗，蓋人則謀國以忠，我則惟務其私也。

同時承蔣之命，辦理外交者，有顧維鈞王正廷殷汝耕郭泰祺諸氏，而以宋子文總其成，汪精衛往來京洛，亦稱聲負外交之責者，滬戰初起，英美提議停戰計劃於中日雙方，內容凡五項，日本承其三而拒其二，（參看二月五六日滬上各報）中國則幾全部承認，而於第四項設立「中立區域」之議，則建議改爲「和平區域」，或「第三者區域」（參看二月六日各報路透電）「中立區」三字，曾以別於「和平區」及「第三者區」等字，當局不曾明辯，蓋以「錦州中立區」五字，去年經當局向國聯提議者，曾經全國學生以珍珠橋流血之代價爭去之，疑其字不爲國民所喜，故易之以「和平」等字，名實未虧，朝三暮四，暮四朝三，爲狙公飯狙之故智，汪精衛等敢於襲之以欺弄國民者，蓋亦沿上文所述率天下以騙之一貫理論，欲以易國民之喜怒耳，美英各報布中國之覆文，皆云完全接受，不云附有修改之建議，蓋在外人眼光觀之，此等名差實同之修改，爲中國政治家狙弄人民之慣技，不足累吾儕深論也，此汪精衛等騙字之又一度運用也。

在此戰爭延續中，又有二事，在政府自謂得計，而實足痛心雪涕者，爲何應欽吳鐵城與日本人所簽訂兩種條件式的密約是，先是滬戰初起，日軍屢敗，乃由駐泊下關日艦向獅子山發砲恫嚇，時何應欽等駐節南京，擁重兵數萬，曾不思首擊尾應，急起迎敵，以紓上海方面之攻勢，乃亟亟於求和是務，外部軍部，各遣要員登艦商議，時日軍援滬者日益增，頗以乏糧爲慮，乃以接濟軍糧爲罷攻南京之條件，何等欣然承之，爲欺騙人民耳目計，猶於報端發布新聞，謂飭警代日艦備糧，實爲避免誤會，（參看二月十日申報及二月十七日大華晚報）此一約成也，而敵軍萬里轉餉之勞可免，在倭皇視之，何應欽實功侔蕭何矣，當敵軍大戰敗沮之後，增援未到之先，由吳鐵城聲請休戰，資敵休息，上文敍及國聯滬領團報告書中已言及矣，即在此休戰之際，吳鐵城亦與日方成立一互換條件之密約，即日軍不炸市府，我軍不燬日紗廠是，以故吳淞閘北，盡成焦土，而市府巍然反存，吾不識南市市府之建築，何以獨重於閘北吳淞人民之建築，至於日方在滬紗廠林立，本爲向我經濟侵掠之基本，而自遼案發生以還，抵貨影響，致工商事業，一落千丈，以是輿情方面，向背分途，言武功者續主侵掠，重貿易者力謀緩和，今者以寇滬之故，致日人紗廠燬於砲火，則日方鑒於戰爭中工商所蒙巨大之損失，將主和之論，基據加强，在政黨或發爲弭兵之論戰，在財團或靳其兵費之供需，此亦攻其所忌之要策也，乃吳鐵城等不惜以不炸市府輕微之代價，彌其大忌，在無情之炮火中，我則格於條件，多所顧憚，彼乃縱橫如意，游刃有餘，今屏他項之損傷勿論，卽華人資產之中新永安紗廠，固已見燬於敵人之砲火矣，誰爲取同樣之代價於日方乎，然而市府之不燬，南京之罷攻，何應欽吳鐵城輩，固尙自詡爲措應之妙也，此與蔣介石聞東京宣稱，通牒只及於十九路軍而與蔣介石之軍隊無與之言，因而私心竊喜者，同一爲喪心賣國，無恥之尤者也。

國聯以顏惠慶之請求定於三月三日開國聯大會，洛陽以蔣介石汪精衛之提議定於三月一日開二中全會，國聯大會之議題，爲中日爭端之解決，二中全會之任務，爲蔣介石委員長之膺選，日本欲於國聯大會開幕前，解決上海問題，以杜列國干涉之口，同於蔣介石欲於二中全會開會前，解決上海問題，以輕已身之累，蓋上海戰爭苟能於國聯開會前解決，則「已成之事實」既定，緊張之情形頓失，日本可從容捭闔於壇坫矣，上海戰爭苟能在二中會軍委長膺選前解決，則「催戰之論」（汪精衛語）無以難，屈辱之罪不能責，蔣介石可平安固位於中國矣，故在軍民盡力掙扎之苦戰中，蔣介石獨與敵人同其利害，合力以謀戰爭之解決，故忽陰忽晴之和議，於三月初頭國內國外兩種大會開幕前，日益加緊，於是產生二月二十八日英旗艦「坎特」號中日同時撤兵之諒解五條，（參看三月二日外部宣言）

始也日方欲以外交掩護軍事，謀和非其誠意，繼見國聯大會將開，華軍勢難擊挫，於是放棄其一勝以恢復國家體面之最終希望，唯願於外交途徑上覓取上海問題之解決辦法，使不至影響於所謂「日本生命線」之滿洲問題，但同時我方以戰事獲勝，反對「戰勝中屈服」之聲大盛，而十九路軍將士之尤堅，「尺土寸草所不失，一卒一彈而必戰」，此該軍所一再向世人宣示者，宋子文等承命辦理外交，雖外甘敵方之要求，而內格軍中之忠憤，徘徊進退，久而未就，有旅長王賡者，以美丰姿，擅交際，久為宋門狎客，亦為此番奔走交涉之一人，日方見議久不定，因拘王以脅宋，此二月二十七日事也，明日而有「坎特」兵艦之會議，蓋宋子文等恐以前祕密往來之跡，為日所洩，因急伏就之，王賡既被捕，地圖軍密，頗洩於敵，（二月十九日大阪每日新聞）而有敵艦乘虛進據瀏河楊林口之事，「坎特」兵艦同時撤兵之諒解，既達南京蔣介石謀和恐後，而有豔（二十九日）軍委會撤兵之議決案，但戰勝後之妥協，為軍中所反對，蔣介石懼前軍或不受命，則妥協敗於垂成，因再一度運用其所習用之騙術，而緣此騙術也，乃鑄一空前之大錯焉。

基於妥協之撤退，既恐軍不奉命，乃偽言為「變更戰略」，蓋「變更戰略」為軍中必須服從之命令，因恐以一方之違忤，累全部之計劃也，我軍既為「變更戰略」之說所欺，因卽以言表暴之於天下，曰「乃東夕奉命，將前線陣地放棄，爲戰略的撤退，再圖反攻」，（蔡蔣張及全軍通電）敵本狡獪，見華軍之撤退，既不託之於「坎特」艦上諒解之條件，而云出之戰略之撤退，則日軍亦自可不守「吹特」艦上談判之拘束，於是我退敵進，及外部發布「坎特」艦上之密件時，軍中始知受騙而退，待蔣蔡再爲遵議停戰之聲明時，而日軍已進展至嘉定黃渡之外矣，此一大錯之鑄成，仍未能使蔣宋等放棄其傳統的「騙」字策略，踵之而起者，爲又一騙局，幾又鑄一大錯。

軍電布發，國人了然於失援之密，羣情悲憤萬狀，蔣汪宋等前時所運用之騙術，至是全部揭穿，反對汪蔣賣國之聲，瀰空皆是，爲勢甚不利於蔣介石軍委長之當選，於是宋子文等乃別出一新騙術以濟舊騙術之窮，而增援反攻，克復瀏河，白川陣亡之僞報，由無線電之傳播，一夜而遍全國，「劍外忽傳收蘇北，初聞涕淚滿衣裳」，在燃鞭祝捷，悲喜交迸，全民腦海，現極度之張弛時，猛覺「戰略撤退」之說非虛，怨懟疑猜之情頓失，甚矣哉騙術之妙化臻於極峯矣，然而又幾成一大錯矣。

爲加增騙術之效力起見，不惜出以「官營騙術」之方式，克復瀏河之虛僞消息，公然由國府公布，（五日各報所載南京四日路透電）而由路透社傳達之於世界，以故國聯開會時，日本基此消息，獨能逃避違議停攻之責任，日代表松平且於議場聲稱，「陣地日軍，現仍爲中國常備兵與便衣兵射擊，日軍因華軍射擊，故亦還擊」等語，而英外相西門亦爲中國方面宋子文虛騙之宣傳所誤，至深信松平言之有據，因亦對於中國表示不滿之責備，云「昨日午後四時，顏博士聲明雙方業已接收休戰條件，嗣聞中國在上海夜半十二時始接收停戰條件，其時正顏博士在日內瓦發言之時」，（見三月六日各報載日內瓦電），而日代表佐籐因趁此逞其雄辯，云「上海傳來之矛盾消息，渠未能了解，但渠可切實聲明者，日軍實首先停戰」，（幷見三月六日各報日內瓦電訊），及顏惠慶來電詢問眞相時，始由外交部急電蔣蔡問華軍獲勝消息是否眞確，由蔣蔡於五日正午覆電否認克復瀏河之事，（六日各報載路透社南京電），展轉傳達國聯，往還已逾三日，然事成過去，緊張之情形頓失，使暴日得逃於擅站之責備，而反得以「首先停戰」自翹許者，皆宋子文一騙所鑄成之錯也，一騙而致疆場之敗，再騙而累外交之戰，蔣家騙術之成績，如此而已，至於在祝捷之熱狂中，上海南京路上十四人之傷殘，（爲巡捕所擊，可參看三月四日申報）廈門公安局前兩人之慘斃，（亦以祝捷爲警士水槍射死）與乎港粵京蕪蘇杭武漢各地數十萬元鞭炮之損失，又「騙政」下奇零之副果，不足深計者也，（中委劉蘆隱氏在滬戰中，始終主持宣傳任務，聞見較切，此次去港，發表談話，紀戰役眞象，既詳且確，足爲信史，存後編附錄中，可備參攷，但仍信瀏河克復之報，蓋劉氏亦在鞭聲祝捷中離開海上也，騙政之下，賢愚皆有蔽時，劉氏曰，「即國家亡，國人亦將如在夢中」可悲也已）。

國人雖甚痛心於蔣介石之誤國，然於其立場所在，終不能解，謂屈辱足以圖存乎，則「我愈忍讓，彼愈蠻橫」，（見一月卅一日各報載蔣介石通電）固已似夢之乍覺矣，謂爲企圖對內，剪除異已乎，則國民向背，方以抗日與妥協爲分野，蔣介石能領導全國軍民抗日，則且一變而爲民族之英雄，孟子曰，仁者無敵於天下，焉復有異己者發生之餘地，明明康莊大道橫於前，顧乃舍之不由，而蹩躠焉謀取徑於羊腸鳥道，惑孰甚焉，雖然此特以恆人之情，期待於蔣介石者，蔣氏駔儈小人，不能語此，昔戴季陶曾於南京中央日報刊載一文，論及中國經濟之衰落，以戴季陶舊曾與蔣介石氏從事交易所事業，故於交易所一段言之尤切至，其言曰，做多頭者一心期待本人之獲利，而忘記人羣共同之樂利，如做棉花多頭者在棉花打苞時，輒望狂風暴雨，做米麥多頭者，在登場結實時，輒望決圩潰隄，如此則收程歉而供給少，供給小而價格增也，美國蕃薯大王，常以整噸之蕃薯，頪傾於海，亦欲損一部以增留一部之價格者，蔣介石者出身於交易所拍板之夥計，雖遭逢時會，貴爲主席，然其智力囿於故業，終無以跳越其範圍，數年以來，始則勾結軍閥，以剸刃於革命之同袍，終前藉手外力，以剪除異已之軍隊，皆胎襲多頭心理，以損彼益此爲志者也，加以年來受舉國之詬怨，神經激刺過度，早陷精神於病態，倒行逆施，不復能制，故言蔣介石之行徑者，以君子之心度之則難喻，以馹儈之事證之則易明，蓋以貨物事交易者之忌記，人羣共同樂利觀念，與以國事爲交易者之忘記民族生存觀念，同一爲錮蔽於私慾之結果也。胡展堂先生之詩句曰，「五季無賴皆英雄」，蔣介石之，以馹儈當國，容何疑焉，天之欲以否運臨中國，使之復陷於五季之禍也，萬民其如蔣介石何。

分疏

自動抵抗與自動應援

洛陽二中全會軍事報告，作於滬事既覆，眞相已明之後，猶敢沿襲一往之騙字策略，自欺欺人，曰調某某軍應戰，檄某某軍趨援，某部集中某地，某部加入某方，而於某某軍隊番號，某某集中地點，概借「軍祕不便宣布」之前言，悉以口口口口代紀之，使人無法指摘，惟內稱十九路軍之作戰，係奉政府命令，及俞濟時之趨援，亦出之中央之檄調，則事屬欺誣，不容不爲切實之反證，庶使「濫藉經濟力量，僞造電報，以自張援助之功」，（見胡漢民先生談話，存附錄中）者，無法緣之以售其奸僞也。

十九路軍之作戰，出之自動抵抗，而非奉有政府命令，有下列最強之證明。

二月十日各報發表之國聯滬領團報告書，記一月廿八日下午上海市長答復日領事，完全承認其要求，下午四時日總領事告領事團，謂巳接到復文，幷稱該覆文完全滿意，及夜有日軍司令通牒我方撤防閘北之事，該報告書又稱限期短促，撤兵爲不可能。

綜上所述，上海市長既承命予日人以滿意之答覆，則立願屈服，自無同時令駐軍抵抗之事，迨晚間日人一面通牒撤防，一面突施攻擊撤兵尙以限期短促而不可能，急遽間焉從得政府之命令，此從推論而得之反證也，若其表現之於函電者，則猶成鐵證。

廣東旅滬各團體通電——暴日侵陵，東北淪陷，未聞中央政府有抵抗强禦，規復失地之企圖，日兵進佔滬北，政府竟先事退讓，恐十九路軍仗義抵抗，乃密令憲兵六團接防閘北以圖逼拱手讓人，開門揖盜之目的。（下略）

三月二日大華晚報——滬戰發生之日，蔣介石以十九路之忠憤不受撤兵之命也，則一面爲抵抗之說，以絡民心，一面遷都北遁，以十九路軍棄敵。（下略）

章太炎書十九路軍禦日本事——（上略）明年一月，復以海軍陸戰隊窺上海，樞府猶豫，未有以應也，二十八日夕，敵突犯閘北，我十九路軍總指揮蔣光鼐，軍長蔡廷楷，命旅長翁照垣直前要之。（下略）

三月十日中委劉蘆隱在港談話——（上略）溯自一月念八日晚日人偷襲閘北，十九路軍拒絕蔣汪等調防之命，奮起抗戰。（下略）

其餘若十九路本身宣言通電，亦只屢言守土盡分，不云奉令抵抗也。

爲證明俞濟時等爲自動趨援，而非受命，當首引宋子文之談話。

二月六日滬上各報宋子文談話——（上略）本星期二下午四時在南京勵志社開會時，拱衛京畿之師部，全體將佐，堅求何部長應欽，與淞滬衛戍司令陳銘樞，派彼等赴滬，助十九路軍作戰。（下略）

此與俞濟時等自身通電所稱，「遠戍將士，感泣時深」，「請命殺敵，現已全部開滬，聽蔣總指揮光鼐指揮」之言，恰相符合，其餘若寧波同鄉會之兩電，亦堪引證。

三月五日上海各報載寧波同鄉會兩電，一致二中全會各委員及國民政府各部會，（上略）我軍除八十七八十八師將士仗義參戰外，祗聞長期抵抗籌有計劃之呼聲，不見一兵一卒之繼至。（下略）

一致蔣介石——洛陽蔣介石先生鈞鑒，竊自防守淞滬之第十九路軍及仗義繼至之第五軍（卽八七八八兩師）各師將士，對於犯滬日軍自衛抵抗以來，時逾一月，敵無所逞。（下略）

俞濟時所部，雖爲蔣介石直屬之軍隊，但愛國之誠，不容爲奸人之亂命所奪，若旅長王賡，向大阪每日新聞記者岩崎氏談話，謂「八十八師爲蔣介石的軍隊，因爲廣東份子的混入，所以不免參加作戰，又稱「除廣東一部份外，全國軍隊皆對日本無仇視之意思」，（參看二月廿九日大阪每日新聞）奴顏媚敵，忍心將全國南北將士請纓不獲，求死不得之血誠，輕輕抹煞，非愚實誣，其罪不容於死矣。

「援軍甚多」與「無需援軍」

在遠之民衆，情形隔膜，汪精衞騙之以「援軍甚多」。

二月二十日申新各報徐州通訊，汪精衞接見徐州抗日救國會代表有云「自上月二十八日滬戰發生以來，二十九日即已派兵協助，現正在調兵遣將中，觀乎俞濟時張發奎陳濟棠等之出兵，可為明證，兵不嫌詐，軍事又須祕密，關於政府派兵之多寡，及目的地之到達，不便宣佈，最近已有雄厚兵力調到矣」。

三月四日申新各報徐州通訊載二月二十七日八時三十分汪精衞發表談話，有云「刻對中日事件，仍在極力調停之中，我方在滬自衞者，十九路軍而外，已開到援軍甚多，決為長期之正當抵抗」。

在滬之民衆，聞見較切，宋子文騙之以「無需援軍」。

二月六日申新各報宋子文談話，有云在最近星期內，無需援軍，現在兵力儘可支持，因十九路軍有三師共十八團，而目前戰線甚短，僅足容一團兵力之分佈也。

二者雖復自相矛盾，然悶墨守驅術中因地制宜之法則也，自「後援不繼」「無兵抽調」之說出，（蔣蔡等冬電）而「援軍甚多」之迷破矣，自「敵軍加倍於我」，（蔣蔡張等江電）之說出，而「無需援軍」之迷破矣，諸將士泣血之通電，不忍割裂，謹爲逐字錄之。

三月三日各報載蔣蔡等冬電——中央黨部國民政府鈞鑒，各報館全國民衆鈞鑒，我軍抵抗暴日，苦戰月餘，以敵軍械之犀利，運輸之敏疾，賴我民衆援助，士兵忠勇，肉搏奮鬥，傷亡枕藉，猶能屢挫敵鋒，日人猝增援兵兩師，而我以運輸艱難，後疾不繼，自二十一日起，我軍日有重大死傷，以致傾全力於正面戰綫，而日人以一師之衆，自瀏河方面登陸，我無兵抽調，側面後方均受危險，不得已於三月一日夜，將全軍撤退至第二防線，從事抵禦，本軍決本彈盡卒盡之旨，不與暴日共戴一天，浴血陳詞，尚祈鑒察，蔣光鼐蔡廷楷戴戟暨全體將士叩冬。

三月四日各報載蔣蔡張等通電——（銜略）暴日縱兵遼瀋，轉窺東南，我十九路軍奉命守土，作緊急之自衛，與之相搏於滬濱者一月有餘矣，最初與敵之海軍陸戰隊及其初到陸軍，鏖戰二十餘日，殺傷過當，敵不得逞，而其第二批陸軍運到，我駐蘇浙之中央直轄第五軍兩師，亦加入作戰，相持者復一旬，殲敵者又六七次，彼虜仍不得逞，最後又以其白川大將，率領兩師團來，而我始終在戰場者僅五師，爲數不滿四萬，敵則加倍於我，至是彼虜一面以講和形色，詭商停戰，欺騙國聯，一面以一師加入正面，一師由瀏河附近登岸，襲我後路，使我腹背受敵，而我運輸困難，援師不及，不得已乃東夕奉命，將前綫陣地放棄，爲戰略的撤退，再圖反攻，此我十九路軍第五軍一月以來與敵苦戰之經過情形也，夫暴日挾其既定整個之計劃亡我，我非全國動員，以極大之決心，作普遍之奮鬥，不能得最後勝利，我十九路軍與第五軍抗敵，非求一隅之勝負，與彼虜爭一日之短長，乃欲以此僅存血肉，供救國犧牲，作同胞馬前之導卒耳，自政府遷洛，已決定長期抵抗政策，我全國軍民，正當秉承此旨，一致奮起，電擊響應，此仆後繼，勿以滬海之偏隅進退為念，勿為敵人分化之詭謀所中，尤望我東北同胞，喞為虜之痛，急起遺兵，收復失地，使敵備多力分，我十九路軍第五軍當竭此未盡餘勇，與強虜作最後週旋，藉收夾擊之效，土耳其苦戰三年，卒大破希臘十五萬軍，轉敗為勝，杜蘭斯窪一小部落耳，亦能血戰三年，不稍屈服，況我以三萬萬方里之地，四百兆人民之衆，果能全國一德一心，不能殲此跳樑小醜，吾不信也，朝鮮之亡也，猶有陸軍數萬，卒被日人解散以盡，今我國現額之兵，統計不下百餘萬，與其待國亡後供彼宰割，何如及此未亡之時，作一光榮之犧牲，此次暴日蹂躪上海多時，炸彈所至，廬舍坵墟，死亡枕藉，子遺黎民，莫不同仇敵愾，不聞怨聲，此等悲壯之劇，可泣可歌，國土猶是也，人民猶是也，苟一旦主權既失，寄生命於仇人之手，其慘狀又當何若也，惟願我全國父老兄弟，毋忘閘北江灣，全國軍事領袖毋忘朝鮮及今日之東省，暴日向國際公開宣傳，祇我謂非有組織之國家，卽謂我國人不知鴿原急難，擊首而尾不動，可以各個擊破也，而我全國軍民，猶以巢幕游釜爲安，罔織閱牆禦侮之義，忘同屋之纓冠，作鄉隣之閉戶，是誠爲見仇者所快，而爲見愛者所痛矣，我十九路軍第五軍，亦惟有收拾餘燼，背城借一，事之不濟，則拚命於沙場，以謝我炎黃祖宗在天之靈，不願爲亡國之民也，敢曰乾時之戰，雖敗猶榮，倘幸卽墨不亡，侵地終反，擐甲哀鳴，淚盡以血，惟我同胞，實昭鑒之，總指揮蔣光鼐，十九路軍長蔡廷楷，司令戴戟，第五軍長張治中暨各師旅團長同叩江。

「有途莫假」與「無命可待」

叛將王賡，承宋子文之命，奔走妥協，其在敵營中對大阪每日新聞社記者岩崎談話，妄稱「全國軍隊，除廣東軍外，對於日本無仇視之意思，與蔣介石同」，前文已加詞闢，茲再將中委孫科等慰十九路軍電中所稱「自動赴敵者，有途莫假，聞風請纓者，無命可待」，二事，分別引實，用證其誣。

第四軍張發奎部之開達湘境，遠在滬戰未作之先，蓋該軍原以援黑出師，及滬戰作而改請援滬者也，何成濬承蔣之命，不許假道，該軍之過鄂，將陷漢口於上海第二，卒至該軍無法前進，洎聞上海退守之訊，而李宗仁焦憤，有無須再候中央命令之電。

三月七日申報香港電，李宗仁四日電全州吳奇偉，着即率四軍開滬，毋須再候中央命令。

即該軍三月九日自全州發出之電，雖致慨於「數事請纓，未能急援」而內稱軍政部長核定之路綫，猶只能由湘入贛，不能由湘入鄂，迂途老師，以售其計，全錄其電，用以明奸人之甘心賣國，抵死不忘阻遏義師也。

三月十二日申報載長沙張軍電——張發奎自全州發出通電云，各報館鈞鑒，日寇侵凌，日甚一日，國基民命，危若懸絲，及今不圖，萬刦不復，敝軍將士有見及此，不揣冒昧，數事請纓，未能急援，揮戈飲泣，瞻望河山，魂魄飛越，茲奉第四集團軍總司令李，副總司令白命令，集中待命之餘，更奉軍政部長何命令，着即經湘入贛，將經過地點隨時電告，又奉湖南省主席何核定路綫，准經永州祁陽衡州衡山朱亭醴陵入贛，至於經贛路綫，亦已專員請示熊主席，從此報國有路，赴難有期，謹定本月十日由全州出發，直出滬淞，捨生取義，樂也融融，求仁得仁，實為大幸，尚望舉國賢豪，相繼而起。肝膽相示，腹心相寄，庶多難之興邦，同舟而共濟，臻國族於攸隆，亦敝軍之殊遇，第四軍軍長張發奎，副軍長吳奇偉率全軍官兵夫同叩佳印。

至於聞風請纓者，自南自北，自西自東，人同此聲，不能悉紀，茲特引證「無命可待」者三事，一見於張之江致上海各團體救國會之篠電。

二月十八日各報載張之江覆各團體聯電——上海各團體救國聯合會公鑒，頃奉寒電，承以大義相蘇，感愧莫名，江請纓殺敵，早具决心，前在京滬，曾一再張梁電各部，激勵士卒，待命赴援，期副滬上各界屬望之殷，返揚後，當再梁張飭電諸部整裝待發，頃據梁部電復，以該部因蔣公電令，別有防務云云，江當於元日加上蔣公一電，請纓赴援，久未得復，特此電聞，諸希明察，張之江篠。

一見之於趙觀濤致市商會之佳電。

●三月十二日申報——市商會昨接趙觀濤復電云，特急，市商會虞洽卿王曉籟二位鄉長台鑒，奉誦陽電，拜悉一是，暴日憑陵，薄海同仇，敝軍將士，翹首鄉雲，尤爲憤慨，屢申請纓之願，未遂拂戰之志，承專電檄調，上下歡騰，除再申請纓外，已嚴密而待，一候奉到明令，卽當督率全軍，捍此國難，並懇繼續催促，期可早成事實爲禱，趙觀濤叩佳。

一見之於蔣蔡覆何鍵之刪電。

二月十九日申報長沙電訊——蔣光鼐，蔡廷楷，十五日復何鍵電，略稱，元電敬悉，請纓殺賊，吾兄倡全國之先聲，守土禦暴，弟等實應盡之職責，聲援麕集，迭加痛挫，足見強甚則折，不義自斃，吾兄坐鎮三湘，得克後顧，中央不准開拔，殆卽因此，然其救國精神，固照耀日星也，謹復等語。

其餘憚於嚴令，雖請纓不遂，而無法公表者多多也。

孔葉之拍合

滬事既覆，騙霧頓開，詬怨所叢，蔣介石幾爲萬失之的，在飛電檄討中，蔣家僚婿孔祥熙，亦發一電，亦咎政府之失援，蓋一方在表示蔣氏家奴，亦解報國，而主要之意，在云「無負責統率全國軍事之人」，爲「全功盡棄」原因之一，絃外之意，在一方促成蔣介石軍委長之眞除，一方則表示以爲蔣介石并無責任，滬戰之失，不任其咎也全錄其電，以見肺肝。

三月四日各報孔祥熙江電——急，洛陽中央二中全會鈞鑒，密，暴日侵滬，戰事突生，我十九路軍及第五軍奮勇血戰，迭挫兇鋒，捍衛黨國，舉世同欽，熙慰勞前方，目睹各軍事長官身先士卒，親自指揮，忠義激發，心折彌深，至日昨我軍退守第二防綫。既因衆寡懸殊，復因瀏河後路爲日軍襲佔，我軍將受抄截之危，變更戰略，勢非得已，熙在滬見聞較確，有慮及此，故前曾迭電軍委會，請即增援防範，鞏固後防，今竟不幸言中，深用慨然，此間輿論極爲憤激，咸咎政府事前既乏準備，臨時又無增援，且當時對日自衞軍緊急之時，竟無負責統率全國軍事之人，遂致月來血戰挫敵之偉績，全功盡棄，責難如此，民憤可知，現聞日軍進佔閘北眞茹以後，仍不悔禍，更向南翔新龍華等處進逼，此時若不速籌抵抗，前途必更危險，事急寇深，懲前毖後，應請鈞會迅定自衛整個計畫，以利戎機而慰喁望，特電率陳，敬祈詧納，孔祥熙叩江。

果也二中全會，屏一切電報不覆，而獨予孔祥熙以欲得之答覆，云已決議設置軍委長，統一軍令矣。

三月六日上海各報二中會覆孔祥熙微電——孔委員庸之先生勛鑒，密，頃奉江電，以我軍退守第二防綫，海上人士，有咎政府事前缺少準備，臨時又無增援者，有謂當此軍事緊急之時，不宜無負責統率全國軍事專員者，民衆激昂之狀，可以稔知，但一切責難，與政府之實際措施，供參考則有餘，與事實則往往不合，查一月以來，政府初則調蘇浙駐軍赴滬，繼則調及河南江西駐軍兼程並進，但日本以海運輸，而我軍須過江須步行，自不能及其迅速，此乃交通關係使然，於事殊苦無可奈何，至於抗日準備，政府已具長期抵抗之決心，前綫將士，又極奮勇，先生在上海目擊事實諒可解釋，至當此嚴重時期，軍令不專，確爲不便，二中全會，昨已議決，於軍事委員會設委員長，主持軍令矣，知迕特復，並祈用種種方法，向各界說明，俾釋誤會，當此危急存亡之際，舍舉國一致，互信互助，無他捷敏之方法，高明當能鑒及耳，第四屆中央執行委員第二次全體會議徵。

大會祕書長葉楚傖氏，簪筆趨朝，久爲蔣家侍從之選，當其銀台夜値，制誥初成時，躊躇滿志，未嘗不自矜拍合之巧，然而識者固早已怒嗤之矣，蔣氏家奴是否報國，不足置論，今惟就蔣介石以前是否負責一點，加以引證，使奸人罪無所逃。

二月九日上海申新各報徐州電訊，曾有蔣介石巡視駐軍，發布軍令之一段紀載。

二月九日徐州電——軍訊，蔣介石對國防措置已定，軍事已有整個計劃，連日蔣專車巡視隴平兩線駐軍，俾分區作正當之自衛，各將領電蔣請纓抗日者，日達數十通，蔣均覆電慰勉，囑遵照我方整個軍事計劃奮鬥。

若以此種消息，或有訛誤，則張之江篠電，所云「奉蔣公電令，別有防務云云」，(已見前引)當爲不可改鑄之鐵證矣。

無其名而據其實，是曰僭竊，有其責而諉其過，是曰姦私，蔣介石兩有之矣，徵孔祥熙之言，焉從證之。

蔣王之晤對

叛將王賡，承蔣宋之命，獻圖賣國，已成定讞，然當時吳鐵城向報館聲稱，猶稱訪美領事被捕，以圖掩飾，各團體聞之綦詳，而律師公會一函，尤稱嚴詳。

三月十日申報載律師公會函——質徐文浩王效文兩律師，自八十八師獨立旅長王賡被日兵捕去後，其家屬即延徐文浩，王效文兩律師函請律師公會，依法提出抗議，該會常經提交第一百次執監聯席會議討論，而王已安然釋回，僉認其中疑點甚多，故昨日特函質徐王兩律師王賡捕釋經過，原函云，逕復者，前接貴會員三月一日來函，以受陸軍第八十八師獨立新旅長王賡家屬之委任，請就暴日便衣兵士攔路擺查追捕王賡，及工部局巡捕幫同送交虹口捕房，詢明事由以後，仍將王賡交與日本海軍兵士帶去，生死不明等情，依法提出嚴重抗議，經於本月五日提付第一〇〇次執監聯席會議，詳加討論，並閱悉報載該旅長王賡，現已由敵釋放，回復自由，按之一般輿論，該旅長王賡，於二月二十七日之被敵追捕，殊多疑問，試列舉之，(一)王賡久居滬埠，且係留美畢業之學生，其生平歷史，滬人頗能道其詳，謂伊不知美總領事署業已遷移，而至黃浦路查詢，實屬欺人之談，(二)身爲現役並在本地抗日作戰之軍事長官，於實施敵對行爲期內，應無不知敵方防區範圍之理，縱令不知美總領署業已遷移，而前往美領署舊址，須從敵方防區經過，究不能諉稱不知，該王賡初非外交人員，試問以何原因，有何必要，或奉何方使命，而須冒險越過敵人防區，往訪美總領事，(三)報載王賡被捕時，隨身攜有皮包一隻，內藏重要文件，涉及軍事祕密，該項文件落於敵手後，敵方突變戰略，避實就虛，形成包抄我軍之勢，致我軍不得不全師而退，使所傳非虛，該王賡究因何故，而攜此有關祕密之重要文件，往訪美總領事，當亦無辭自解，(四)使王賡果係誤入敵軍防區而被捕，則以我之現役官，而爲敵之俘虜，亦斷無輕縱之理，何以不數日而竟獲得自由，蛛絲馬跡，如上述諸端，該王賡倘不能爲滿意之解答，則其具有故意利敵之嫌，似不能免，本會雖以保障人權爲職志，惟國難當前，對於喪心病狂之賣國奸徒，亦當儘其所能，聲罪致討，使置之法，經議決應先予具函責問，爲此復請貴會員查照， 希即轉向王賡或其家屬詳爲責問後 ，據實轉會核議爲盼，此致徐文浩，王效文律師。

在羣情駭憤之下，王賡乃不得不解送晉京，以圖掩飾，據三月十一日大陸報之紀載，且曾由蔣介石親訊一過。

三月十二日申報譯大陸報云，獨立旅旅長王賡解京後，因犯以重要文件獻與日軍事當局之嫌疑，將由軍事法庭審訊，第一次開庭時，蔣介石將任庭長，昨日蔣已向王面詢一過。

然王賡者，承宋子文之命祕密通敵，而宋子文又承命於蔣介石者，蔣王宋皆爲同犯，不識蔣介石者，他日爰書親下，覓將作何轉語，妥協政策之成功，則王賡奔走之力也，想蔣王晤對之時，當援手交驩，起階下之囚徒，爲座中之密客也，莊子曰，相視而笑，莫逆於心，蔣王有焉。

附錄

胡漢民先生談話（一）

記者昨日往赤柱別墅謁胡漢民先生，叩詢其對於最近時局之意見，蒙發表談話如下。

上月二十八晚，日人得寸進尺，於上海市政府承南京當局之命，無條件向其屈服之後，突作暴行，期施偷襲瀋陽之故技，幸我十九路軍全體忠勇之將士，持正不屈，以孤軍支撑淞滬，半月以還，有戰必勝無攻不克，捷報頻傳，每令人感奮激痛而不能自已，余以爲十九路軍此種偉大之精神，允爲中國有戰史以來最光榮之一頁，感召所及，不僅足以戢暴日之野心，易國際之觀聽，尤能使舉世知我中華民族尚能知恥有勇，屹然生存於世界，而中國國民黨，猶有深明主義，熏沐遺教之武裝同志如十九路軍全體將士者，以湔雪我國家民族之恥辱，此其功績，於黨於國，胥垂不朽，惟日來報章傳載，日人雖屢戰屢北，猶復大舉增援冀必一逞其野心，而十九路軍苦戰經旬，未聞當局有若何援助，我人之所獲見者爲空軍麕集汴鄭，請纓待發，陸軍犖聚蘇常，徘徊莫進，而遷洛避戰之議，乃決於俄傾，誠不能不令人扼腕，十九路軍之通電云，『對中樞遼遠，援應困難，絕無顧慮，望全國武裝同志，人自爲戰，共同守土』我人讀之，至使我人對於政府之有無，懷疑莫釋，在十九路軍忠勇抗日，言固應爾，而絕無顧慮』一語，尤足見其爲國效死之決心，然以一維護國權，統治全國之政府，至不能援此抗日之孤軍，使作此最後之哀鳴，又不能迅決戰守之大計，乃欲全國武裝同志各自爲戰，俾達「共同守土」之目的，此在政府當局，果何以自解耶，若謂政府遷洛，卽所以謀長期之抵抗，而非爲置各省於危而自圖其安，果爾則我人又何忍厚非，然遷洛經旬，長期抵抗之策劃未見，十九路軍之無援猶昔，而以崇信不抵抗主義爲國人共棄之張學良，仍高踞所謂四防區之首席，予以統制華北之大權，此其措施，若明示斷送三省之不足，故不得不再予華北以爲之試驗者，於是「進南京共赴國難之口號，亦竟成爲「逃洛陽共避國難」之事實，首都雖移，戰守未決，一若全國安危，悉可以委諸十九路者，我人鑒於馬占山之孤軍無援，卒陷困頓，則今日所謂長期之抵抗，宜不如此，根於上述，益使我人對於南京當局之處措，不能不懷抱莫大之疑慮，而於孤軍奮鬥之十九路全體將士，尤不能不致其殷切之憂念，余自去歲恢復自由，已迭發言論，痛斥前南京當局，無抵抵，無責任，無辦法之所謂對日外交，而歸結於「抵抗」「拚命」四字，以爲惟此方足以確保我國家民族之生存，湔雪歷來未有之奇辱，乃不久以前，尚有人發爲「如抗日則日人可於十日內亡我」之謬論，曲解遺敎，以自文其醜，尤可深詫，苟我抗日而日人果能於十日內亡我，則力戰而亡，猶逾屈辱而亡，況滬戰所昭示我人者，其事實正不爾耶，以是之故，我人爲穩固抗日之戰線，保障國家之生存，在軍事上，必須督責當道，(一)對滬戰爲切實之應援，務將日人驅出上海而後已，(二)撤消解散各地義勇軍之亂命，切實組織民衆，俾蔚爲抗日之中堅，(三)迅速檄調以抵抗爲主義之勁旅，收復東省失地，㈣眞實謀長期之抵抵，在外交上，其大者要者在本孫陳兩先生對外政策之精神，努力造成一國際之新形勢，期以正義與公道，解决中日問題，否則至少限度，亦當確認東北與滬案是整個問題，務求整個之解决，至在日軍未退出上海以前，無交涉可言，尤不待言矣，總之滬戰之成敗，爲中華民族生死存亡之所繫，故一方面希望十九路軍全體將士能終始堅持，確保過去爲黨國犧牲之光榮，而全國軍人，亦當發奮自勉，下抗日之决心，蓋爲民族而死，愈於爲一姓之家奴而亡，同時我人亦必督責當道，澈底打破對外不抵抗，對內妥協之謬見，對當前大難，必須以沉著之態度，爲嚴峻之處置，時艱孔亟，我人固未願厚加責難，其就過去之事實言，凡誤國賣國者，胥爲我人革命之對象，自袁世凱以來，初無二致，存亡之機，間不容髮，國人對此，當必有相當之觀感也。

中委孫科等通電

孫科等通電云，（銜略）鑒，政密，比聞軍事外交當局，有主張滬事局部作先行解決之意，英使復有我國自動撤兵之勸，而當局認爲可商，同人在滬迭加研討，心所謂危，敢陳所見，溯自東北邊防司令長官張學良，誤於不抵抗之謬論，使日寇垂手遂得三省，而軍事當局亦慴於日兵聲威，輒謂縱傾全國之兵，不足抗日，我與日戰，三日可以亡國，同人以爲此種心理，不特與總理遺敎主義完全違悖，充其弊，實足以亡黨亡國而有餘，非澈底掃除，决不足以衝破今日之危局也，蓋國家興衰，繫於人心振靡，戰鬥之事，兩方物質力量固所必衡，而士氣民心所關絕巨，精神方面有非數月能算者，世界革命鬥爭，若論被壓迫者所憑藉之武力，幾曾有一次足與壓迫者相頡頏，戰可及其半者，苟咸如當局所謂持重，則世界可以無革命，而吾黨歷次之奮鬥，乃眞如螳螂奮臂之可笑矣，然鑒諸經過之事蹟，衡諸革命之理論，乃决不如此，日人宣稱，三小時佔我閘北，而十九路軍應戰已將兩旬，敵究何如，我何倘不自奮，苟當局猶確信不抵抗之論，天經地義，而十九路之捷，不過偶然僥倖，以爲十九路將來犧牲，亦爲無知好鬥之童騃，應得之教訓，則夫復何言，否則當局應即下最後大決心，萃全力於救亡之戰，縱不幸而敗，而人心未死，國終可爲，所謂甯爲玉碎，不爲瓦全，非可徒視爲文章之詞句也，抑尤有進者，今國民憤日與救國之熱情，已達極點，對主張不抵抗者嫉之尤甚，觀於此次滬民之被難而無懟，與其輸將助戰之勇，即滬上素稱持重之報紙戰亦咸爲激昂之論，即可覘眞正民意，苟當局猶牢執其妥協屈服之主張，或竟實行撤兵，使日軍佔滬，長驅而擾蘇杭與首都，將何以維民衆之信仰，遏軍士之忠憤，同人等亦不願與今日當局同負此責也，公等當猶憶昔年北伐，與北洋軍力較，相去何嘗不遠，然以我革命主義，足以深入民心，發揚士氣，勝利乃終屬我，今日又爲吾黨起死回生之最後唯一機會，當局苟能恢復昔日之信念，領導國民，誓死衞國，國民同志誰有二言，幸託總理之威靈，而國以復甦，黨以統一，馨香頌禱，何日忘之，是在公等勉之而已，茲經同人公決，請政府當局迅速定計者，（一）決定澈底抵抗政策，毋再游移，即宣示國人全力禦侮，(二)萃海陸空軍力量固守上海，予十九路軍以充分援助，(三)即令北方各軍乘機向外反攻，收復失地，(四)外交方面，提出非日兵全部撤退，不卽交涉上海問題，當與東三省問題同時解決，願以上四項實行，士氣必且百倍，我能堅持下去，國際必生變化，此時乃有外交可言耳，掬誠奉陳，敬祈鑒納示復，毋任盼禱，駐滬中央委員孫科，孔祥熙，薛篤弼，吳鐵城，孫鏡亞，梁寒操，范予遂，甘乃光，楊虎，熊克武，桂崇基，丁超五，馬超俊，陳友仁，何世楨，劉廬隱，陳嘉祐，褚民誼，張知本，程潛，陳慶雲，楊庶堪，賀耀祖，黃季陸，唐有壬，元，申。

馬君武致蔣汪書

洛陽蔣介石汪精衛二先生鑒，國事敗壞至此，論者異口同聲，皆云是乃精衛兄在武昌一年，介石兄在南京四年，倒行逆施之總結果，介石兄堅持對內不妥協，對外不抵抗之主張，日本已佔據東三省，介石兄尤倡先統一後對外之說，質言之，卽先平兩廣與日本妥協也，精衛兄臥病上海，不能見客，馮煥章來談話，亦臥而聽之，乃一聞行政院長之命，卽霍然而愈，作官能愈病，豈非曠古之奇聞歟，日本兵欲佔據上海，介石兄仍本向日所發與張學良之命令，命十九路軍無抵抗退讓，及十九路軍誓死抵抗，屢次戰勝，政府忽宣布遷都洛陽，且以歐戰時法國遷都波爾多相比，當歐戰初起，德國傾全國之師向巴黎，法國徵調不及，故遷都以避之，我則上海屢挫敵師，日本甫派二三戰艦棲泊下關，兄等已喪失魂魄，抱頭鼠竄，人謂介石兄對內則面獰如鬼，對外則膽小如鼠，十七年在津浦路，有兵二十餘萬，爲福田一師嚇走，今則日本砲艦，在南京者尙未開炮，兄等已各攜宋美齡陳璧君雙雙竄洛陽矣，且兄等聞上海戰勝，則急歸南京，聞日本增兵，則又突奔徐州，畏日本如虎，自身乃纍纍如喪家之狗乎，昔葉名琛在廣州，對英持不戰不守不和不走主義，兄等於不戰不守不和六字已做到矣，而不走則幷不及葉名琛也，爲兄等計，惟有抱定城存與存城亡與亡宗旨，與敵作戰，誓死勿去，幸而戰死，亦足以稍蓋前愆不然，人將謂介石兄平素豢養一般黨匪黨棍，及精衛兄收羅一般共子共孫」，惟用以攘奪政權，保持祿位，國家可亡，自己之性命不可不保，豈閘北吳淞百餘萬人民之生命皆賤，而兄等之生命獨貴乎，細雨春蕪上林苑，頽垣夜月洛陽宮，洛陽王氣，消沉久矣，南京則龍蟠虎踞，最近朱元璋因之以成帝業，倘能固守勿失，亦介石兄子孫帝王萬世之基也，馬君武。

胡漢民先生談話(二)

胡氏之談話，(一)十九路軍以援絕撤離淞滬，先生對之有何感想，(胡答)余對此事殊覺痛心，暫未欲多所表示，惟十九路軍之必退，本意料中事，蓋以二萬餘衆，當日本傾國之師，雖忠勇善戰，亦斷無長勝之理；故余於上月十五日發表長篇談話，即已致其殷切之憂念，期國人督責應援，毋爲當道之空言所惑，乃自余之談話發表後，頗有疑余之言論爲過甚，以爲國難當前，對當局不應嚴責至此者，而自任十九路軍奔走之徒，更造爲當道如何應援之說，當道有人更憑藉其經濟之力量，僞造電報，以自張其援助之功，夫十九路軍以自身立場，深恐進退失援，不敢不忍此寃抑，此何等傷心之事，獨爲十九路軍奔走自命者，祇知爲當道緣飾文奸，不思喚起輿論，以督責之，使十九路軍終以孤軍無援而退，則不知其用心何若矣，今十九路軍撤師之通電，明明曰「後援不繼」「無兵抽調」，我人讀此泣血之辭，亦惟有爲之雪涕而深慨乎人心之陷溺耳，余始終認定今日之中國，惟有努力於抗日勦共兩大事，始有生路，所謂外交之運用，亦必以能抗日爲前提，始能權操自我，乃當道既不援滬，粵機出發，又不接濟，而四軍滯全州經月，迄今未舉北行之命，乃發行軍事公債之議，則甚囂塵上，對日如此，斂財如彼，誠如第四軍吳奇偉所云，「莫測高深」者矣，頃據上海來電，謂此次退却，係豔日軍委會決案，先密令張俞撤退劉河，蔡廷楷不知，追蔡軍勢孤，乃不得不退云，是則當局者甘心屈辱，尤令人欲哭無淚，令十九路軍雖以援絕而退，然苦戰月餘，迭摧強寇，就其本身言，實已無負於黨國，而國人踴躍輸將，竭誠臂助，淞滬居民，蒙大難而益切同仇，亦已無負，於十九路軍，惟是大權在握而又遷都避難之當道，及謀所謂長期抵抗之政府，苟尙非自承賣國則應有以自解耳，（二）淞滬現局先生以爲當如何解決，（答）除以武力恢復淞滬外，無其他解決之道，卽能解決，則主客異勢，於我已多不利，而舉國人民，亦斷不能承受此城下之盟，惟根本要點，仍在糾正當道之勇於對內，怯於對外之心理，始克有濟，余前語中大請願學生，「謂現若在政策不變無論何人均無辦法」意卽在此，幸國人深識之，（三）先生對於對俄復交之意見如何，（答）關於此事，余尙未接得確訊，復交之原因何在，余亦未悉，然卽爲事實，此時亦不願有所論列，惟根於上節之談論，則應知外交上制勝之道，實在彼而不在此，且政治非同兒戲，國家貴能自立，徼倖依賴，斷非一能卓然自立之民族所宜出也，（四）二中全會開會，先生能北上出席否，（答）不能出席，（一）因病體未痊，日來且頻頻便血，精神上頗感困頓，（二）因政見不同，未敢枉尋直尺，爲政者之出處進退，皆有至嚴正之規範，不以利進，不爲威屈，主張所在，尤不能稍涉敷衍，常人惑於「共赴國難」之美名，每不察「共赴國難」之內容，時至今日，赴難已成避難，秉此不改，更何往而不可，乃猶欲如此赴之耶，乃近尙有以此爲言者，蒙昧無識，是誠不值一笑矣，（五）先生今後之政見如何，（答）余之主張，仍爲抗日與勦共，其辦法未暇詳言，且言之而不能行，故更不願有言，至對大局態度，余可以一語告君，卽「余可一致於抗日，而不能一致於對日屈辱」，誤國賣國者，總爲我人革命之對象，抨擊且不暇，何能一致，而爲本黨留正氣，爲國家求生存，則同志同胞，均當有此認識與決心也。

十九路軍宣言

十九路總指揮部參謀處告全國民衆書云，滬案發生，及今匝月矣，我軍以血肉之軀，與敵重兵利器相激盪，卒能迭挫兇鋒，屹然不動，國人創痛之餘，莫不躍然而興，色然而喜，以為我國從此可抗強敵，躋高位，與列強分庭抗禮矣，而一部分人士之心理，則適與相反，臯臯焉恐戰禍之延長，貽國家萬劫不復之境，夫逆來順受，萎靡不振，固為國人之通病，誇大之心理，僥倖之希望，亦非吾人所應有，拯民族國家於危亡，伸公理正義於世界，此種艱鉅之工作，非一蹴可致，尤非可以畏難而退者也，同人受國家豢養，以身殉國，義所應爾，及今以未死之身，願貢一言，為國人告，吾人欲知滬案之肇因，懸揣將來之結果，必須明了日本之國情及世界之大勢，日本自山縣有朋而田中義一，遞及現在之犬養毅，其所謂大陸政策，始終一貫而不少變，甲午之役奪取朝鮮實為北進之發端，日俄之戰，樹立大陸政策之基礎，加以二十一條件之保障，郭松齡張作霖之被殺，日本在東北之勢，遂益形鞏固，其第一步之侵略，乃告成功，於是伺機佔領東北，浸及中國內部之志，益不能忘懷，歐戰以還，各國經濟衰落，工商凋敝，關稅戰爭之劇烈，賠款問題之僵化，世界經濟恐慌之現象，益趨嚴重，加以蘇俄崛起赤化，大防時虞潰決，而國際之間，復不減少其嫌猜，無論對內對外，各有其難言之痛苦，至於中國之混亂衰殘，則更無以況之，虎視鷹瞬之日本，豈肯放過此良好機會，於去年「九一八」一聲霹靂，遂攫陷瀋陽，囊括三省而去矣，瀋案發生，我國政府隱忍退讓，信賴國聯，以謀和平正當之解決，惟是國聯之於各國，非能如臂使指，蓋國聯爲腦，列強乃爲腦細胞也，細胞不健全，而欲腦之有能力也難矣，是以瀋案發生之初，國聯固不乏人仗義執言，但不久卽由曖昧而軟化，由軟化而袒日矣，反觀我國社會則爭奪者如故，依賴者如故，加以民衆憤激，越出常軌，輿論龐雜，莫衷一是，使執政者忙於應付，無所適從，旣不能戰，復不能和，日帝國主義者看透事實，更毫無疑義而伸其鐵腕於中國內部，一月二十八之滬變遂以爆發，敝軍衞戍京滬，首當其衝，夫守土禦侮，爲軍人天職，且上海爲吾國經濟中心，南京爲中央政府所在，京滬不保，國脈卽斷，是以毅然決然以自衞之目的，與暴日相週旋，匝月以來，敵之兇暴行爲日益加厲，吾國同胞慘死於鐵蹄之下者，奚啻萬數，物質之被毀滅者，其價值且不可估計，然而吾國同胞，毫不因損失鉅大而減少其勃躍情緒，且增加無限之希望，世界輿論亦因日寇之兇殘，及不惜擴大戰禍而提出抗議，英美等國積極干涉之態，且漸趨於具體而明顯，然後知惟有奮鬥乃足以發揚民族精神，延展民族生命，惟有自助以求自力之生存，乃能博得世界之同情，暴行雖强，終不能壓倒正義也，雖然，中國之前途，卽可告樂觀乎，英美各國，果爲正義出而裁制暴日乎，暴日卽能翻然而變更其一貫之「國策」乎，吾人皆不能無疑者也，吾國物質利器之不及人，自無庸諱言，欲一戰而屈，强敵在理在勢，均有所未能，英國則素穩健外交著稱於世界，美國則鞭長莫及，望洋興嘆，且皆因國家經濟恐慌，不能自拔，而於對日問題，破壞其反俄陣線，亦不無顧慮，謂能出而積極制日，豈可遽信，至於日本軍閥之黷武主義，正如旭日之升，吾人遙聆出淵在美謂美日兩軍當在滬作球戲，及日軍閥謂十九路軍未知日帝國之威力，故敢與之拒抗之語，其氣燄之高，不可一世，卽其國民大多數亦未減其信賴武力之心理，此次總選，政友會仍佔勝利，卽可以覘之，欲其將所謂關係日本存亡之大陸政策，一舉而更張之，尤絕無希望者也，顧於另一方面以觀察之，則英美正以挽救其經濟恐慌，需賴中國巨大之市場，而不願中日戰禍之延長，尤不願坐視其東方商業根據地，上海之陷於危險，更不願日本稱霸東方，破壞門戶開放機會均等之局勢，故雖有種種困難，終必有爲解决自身利害而奮起干涉之一日，再以日本未來之難關言之，日本自瀋案發生後，海外貿易一落千丈，國家財政，已陷於極困難之境，加以侵滬軍費，總選舉會之臨時支出，美國名流，更倡言對日經濟絕交，益足令社會恐慌，金融混亂，且嫉視者衆，外交孤立，國內輿情，漸趨非戰，勞師費財，持久作戰，不戢自焚，豈可倖免，吾人從此可知對日應取之方針矣，日方利在速戰，挾其利器重兵，欲一舉而屈服我國，作城下之盟，操宰割之柄，我國則應謀長期之拒抗，以待國際之變化及敵國自身之崩潰，毋以目前軍事之勝利，期僥倖之成功，毋懼戰禍之延長，生苟安之妄念，斂其氣而不肆，持其志而不懈，日本一日不罷兵，外交一日不勝利，則我國一日不停止武力拒抗，至暴力屈服於公理之日，卽吾國民族復興之時，夫法謀獨立，奮鬥百年，勾踐復仇，臥薪二十載，我國四萬萬同胞，誠能立下決心，誓死抗日，則大可不俟諸百年也。

中委孫科等慰十九路軍電

崑山探送蔣總指揮，蔡軍長，張軍長，戴司令，暨全體將士均鑒，暴日寇滬，諸將士獨立應戰，迭奏膚功，敵方因不得逞其侵略計，源源增援，衆逾十萬以兵艦數十艘，飛機數百架，我方僅續有第五軍加入前線，都計不滿四萬，血戰肉搏，於炮聲炸彈之下，積勞不形獲憊，裹創猶思奮鬥，用能以寡勝衆，有進無退，倘所謂長期抵抗，不徒托諸空談，則就近可調之勁旅，當不下數萬，一舉而盡殲敵軍，庸詎難事，乃自動馳援者，有途掌假，聞風請纓者，無命可待，雖日言援軍在道，亦無異激西江之水，以救涸轍之鮒，致敵軍乘隙自瀏河登岸，襲我後路，我軍遂不得不放棄原有陣地，退至第二防線，咎有攸歸，舉國共喻，然此一月有餘之戰績，已足殺頑敵之兇燄，樹軍人之模範，改易世界列强之觀聽，振起整個民族之精神，其可欽可佩，可歌可泣，有非筆墨所能形容者，昨誦各電，有决本彈盡卒盡之旨，不與暴日共戴一天等語，其徵志堅金石，節勵秋霜，頃聞南翔劉河兩役，更予敵以重創，收復淞滬此其先聲，所冀全國軍民隨諸將士之後，同仇敵愾，不爲私人情感利害所牽制，並力與暴日相週旋，膺彼醜虜，固我河山，亡者成仁，存者成功，諸將士之勳名尤將永垂於無窮也，特電奉慰，併希亮察，孫科，陳友仁，楊庶堪，柏文蔚，程潛，陳嘉祐，張知本，梁寒操，馬超俊，陳慶雲，桂崇基，何世楨，劉蘆隱，黃季陸，熊克武，孫鏡亞，陳中孚。

劉蘆隱在港之談話

中委劉蘆隱氏，於前晚由滬抵港，記者昨（十日）午特往訪謁，詢以來港任務、及十九路軍撤退眞象，蒙劉氏發表談話如下。

余此行來港，係爲弔胡青瑞先生之喪，余與青瑞本屬稔交，故聞其謝世之日，卽欲南來，一申憑弔之忱，惟以上海抗日軍事方殷，余承全體在滬中委之託，主持宣傳事宜，致未如願，今十九路軍已以援絕撤退，京洛當局，假長期抵抗之名，曲意妥協，絕無增援抗日之誠心，羈留無益，故抽暇一行，關於此次十九路軍撤退眞象，言之至可痛心，至其撤退原因，則已略見於蔣蔡戴三將領之通電中，則『後援不繼』，『無兵抽調』是也，凡此事實滬上人士莫不知之，乃余來港後，尚見有不逞之徒，僞造文電，如謂此次撤退，係爲採取新戰略，變更作戰計劃等等，以混淆事實者，自欺欺人，亦云已極。溯自一月念八晚日人偷襲閘北，十九路軍拒絕蔣汪等調防之命，奮起抗戰後，苦戰月餘，迭摧強敵，其間日人六次增援，四易司令，卒不得逞，而我方除八十八師及八十七師之四團自動來滬外，京洛當局，未遣一兵一卒，揚州之張之江部，南京之谷正倫部，海州之梁冠英部，近在咫尺，咸紛紛請纓，若軍事最高當局下令增援，皆可早發夕至，顧皆不然，京方原有之飛機百餘架，則集中汴鄭，至所有軍艦，一聞日軍來滬，即早已匿跡，尤可怪者，京洛對十九路軍既不自增援，猶阻民間同情之接濟，故凡海內外捐助前方之匯款，由蔣宋林汪轉交十九路軍者，舉被沒收，而粵機出發，即被阻於長沙，經丁紀徐隊長一再力爭，始得到京，到京後，又被調赴洛陽，不準參戰，第四軍滯留全州經月，請纓抗日，而軍政部竟電令湘鄂，不予通過，其他各省軍人，請纓赴滬者，京洛當局，不曰「中央已有長期抵抗之計劃」，即曰「枕戈待命，仍守原防」，凡此種種，形諸雙方來往文電，早為外人所共見，故日人先後增兵至四十萬以上，萃其海陸空軍之精華，而爭淞滬，而我方抗敵之師，始終不及四萬，且軍械不足，無大砲，無飛機，又無鐵甲車，甚至幷防禦飛機之高射砲亦不准調用，我人見十九路軍能以步槍擊落飛機，遂佩其戰術之神奇，殊不知我軍不能得高射砲而用之，乃不得不以步槍代之也，然步槍射擊之遠度，究屬有限，飛機高飛，即難中的，故日方空軍乃得恣意投彈，使閘北，吳淞，江灣，南翔，眞茹，瀏河各地盡成瓦礫，同時幷得窺探我軍後防，增其陸軍作戰之力量，顧所謂政府當局者，除假長期抵抗之名，欺騙民衆，倉惶遷都避難外，未聞一籌戰守之策，至二月九日以後，形勢益惡，日援旣源源而來，而蔣汪則益假一面抵抗，一面交涉之謬說，密命宋子文顧維鈞吳鐵城羅文幹等，進行其對日屈辱之外交，當時蔣介石且發表談話，謂「應重視友邦善意，政府旣決心長期抵抗，不在計較一城一鎭之得失，上海爲經濟重心，總須顧全」汪精衛亦大談其外交，謂「過於畏葸，固屬不可，徒作壯語，更爲不可，須知數十年來中國軍事經濟在物質上著著後人，固不待言，卽組織上亦幼稚不完備」，故蔣汪二人一致主張將滬事局部化，先行解決，某國公使，勸我自動撤兵，蔣汪等亦竟承諾，此等消息，傳遍京滬後，人民團體紛起反對，余與留滬中委孫哲生，陳友仁諸先生，目擊心傷，因於十三日發出元電，力揭其隱，幷確定四項辦法，督責當局實行，同時胡展堂先生在港發表談話，亦加抨擊，認爲此時當竭全力以爭淞滬，在日軍未退出上海以前，無交涉可言，十九路將士更有詞嚴義正之通電，認爲誓死抗日，始爲唯一之生路，於是蔣汪等妥協之計劃，遂受挫折，然表面上雖不敢公然妥協，而暗中則進行益力，故一方面應允上海中委增援，謂所有援軍，一星期內必可到達，同時僞造電訊，發佈各地，謂上海方面已有援軍十餘萬，决可無虞云，一方則益由宋子文，吳鐵城，顧維鈞等與日使往還，密商屈服條件，而負任奔道之役者，爲此次被日人拘捕之王賡，憶蔣於二月二十日到甯，即聲言十九路軍如不於十日內爲日人消滅，我即不足稱爲軍人云，是其甘心屈辱，不肯增援，益昭然可見，故余與其他在滬中委頻電京洛，效秦庭之哭，而京洛當局，除以空言搪塞，幷僞造增援新聞外，從未有確實之答覆，至二月廿七晚，上海各報紛傳宋子文部稅警團團長現任第八十八師獨立第二旅旅長王賡，於上午十一時，在禮查飯店爲日軍拘捕，至二日則傳王賡已釋放，惟機密文件，及軍事地圖則盡被日軍搜去云云，至王賡被捕之日始，敵軍施攻佈陣，頗有按圖索驥之妙，因之我軍陣線遂漸陷於不利之境，至三月一日兪濟時師忽先撤退，當時日軍一師團已由瀏河登陸，而我方留守之兵，僅有一連，於是日軍前後合圍之勢成，十九路軍乃不得不以「後援不繼無兵抽調」而撤退矣，苦戰月餘，功廢一旦，實尤可令人痛哭者也，假使蔣介石有抵抗之決心，不爲妥協屈服之，則祇須增五千援軍以防瀏河，幷更得五千援軍，以補充前線，則日軍萬無得逞之理，收謀事後調査始知宋子文顧維鈞等在滬承蔣汪之命續與日方謀妥協，王賡爲宋子文部屬，以擅交際，及曾參加前方機密，故宋等遂令其與植田相往還，並言十九路軍之撤退，王可完全負責辦到，詎事機不密，十九路軍將領通電表示抵抗到底，宋王之謀不遂，而國聯開會期近，敵方利在會前解決，圖之益急，無已遂拘王以脅宋，言十九路軍既撤退無望，必將往還祕密宣之中外，宋等急無可謀，乃不得不使張治中兪濟時等退兵，同時蔣介石等遂於廿八日由軍事委員會議決撤兵南翔云，査此項命令於二月廿九日午夜到達，余等同時亦接洛陽來電，謂因交通不便，援兵未能如時到滬云，卽晚宋等將撤退命令轉示日方，並告以張兪後退之事，王賡即於一日由日方釋放，且即與顧維鈞等，出席於英艦之所謂中日和平會議，十九路軍勢孤援絕，亦遂迫後退，自我軍後退，國際形勢，亦遂大變，蓋國際方面，向之所以右我，實因我方已能抵抗日軍，而日本以租界爲軍事根據地，又在在足以損害租界之安全故也，今我軍後退，作戰地點，且遠在租界以外，而日能久佔，我方屈辱，則在各國亦有利可沾，何則，如租界擴大，則越界所築之道路，皆可不成問題，且可待時而動，以各遂其得寸進尺之謀也，故淞滬之退，禍患之烈，實不可勝言，目前日方增兵益亟，一方面固守淞滬，同時併分兵沿京滬路進展，擾我腹地，十九路軍雖欲抵抗，然仍無後援，故前途益陷悲觀，尤可痛者，當我方撤師之日，余赴法政學院，我方傷兵收容所，慰問傷兵，傷兵聞我方撤師之訊，咸大痛哭，謂我等白刃肉搏，血濺滬濱，原冀一雪奇辱，捍衛國土，今後方有媚日之輩，而前方一切勝利，皆一旦化爲烏有矣，至於鎮守吳淞之譚啓秀司令及翁輝騰旅長，雖在撤兵之日，尤死守不退，誓與吳淞共存亡，後由陳子康，曾組緗諸人先以間道赴淞，泣求暫退。同時天主教神父亦往跪求。謂時勢至此，徒守無益，譚翁姑下令退兵，退時全軍皆相痛哭，距師抵瀏河，又遇該處日軍正在陸續登岸，譚等奮勇抗擊，一舉而復瀏河，此三月三日事也，總上所述，可知十九路軍非因戰敗而撤退，乃因戰勝而撤退，非以當前遇強敵而撤退，乃以後方爲蔣汪等無抵抗主義所操縱而撤退，實使人痛心，昨得滬上友人電，謂黃渡又已繼眞茹南翔之覆徹而失守矣，以蔣介石輩之所爲，必至和無可和，戰無可戰，結果非陷於亡國地步不可，目前特不過亡國開始耳，此次十九路軍月餘以來，衛國苦戰之精神，爲中外人所嗟嘆驚服，及抵港後，始知媚日派正從事於僞造電訊，欺騙國人，並抹煞一切事實，緣飾文奸，吾人對於此種媚日賣國之徒，皆當致其嚴切之科彈，否則淞滬陣亡，國人固爲彼輩所蒙蔽，即國家亡，國人亦將如在夢中，未能洞見其眞相之所在矣，余因曾始終參與駐滬中委辦事處事宜，故稍述所知，使國人瞭然於蔣汪所謂「長期抵抗，不在一城一鎮之得失」者，其內容蓋如是也。

第二編　停戰協定

談判經過

淞滬戰爭之停止，我軍爲受騙而非戰敗，於上章紀述戰役中已略言之，今於敍述停戰會議之先，當再詳爲疏證，以見我國雖有敗屈之外交，而實無敗屈之軍事，非然者將對外不足以辨榮辱，對內不足以別忠奸，而懷念抵抗効死之國民，苟此之不明，將亦不免震於當道爲敵張目之讕言，而寖漸敗其自信，故大書之，願讀者於此致謹焉。

華軍之不可終勝，與國聯特會空氣之將不利於已，爲日本軍事外交當局共同苦悶之二事，日本既以滿洲問題爲其竭死奮鬥之生命綫，則權量輕重，對上海戰事，自宜放棄其一勝以恢復國家體面之企圖，此則二月中旬以後，日本國內公私論壇多數之呼聲也，基此呼聲之力，而英艦「坎特」號上二月廿八日之互相撤兵諒解乃得成立，是時我淞滬孤軍，固尚繼續其光榮之勝利也。

「坎特」旗艦上撤兵之諒解，雖云出自英提督克萊爵士之斡旋，然實英公使藍博森承內閣遠東事務委員會所發訓令而爲之撮合者（三月一日哈瓦斯倫敦電）英代表之在日內瓦者，得滬事諒解之訊，以語理事會主席彭古，彭古色喜，因有二月廿九日彭古停戰提案，則根據二月廿八日「坎特」旗艦上所議同時撤兵爲原則之諒解而制定者，彭古提案中「主張中日及有關係各國應開一會議，日本須無在華土地與政治作用，而中國須有保護外人安全，與保全上海租界完整之意，俟採行立卽停戰之必要計劃後，此會卽可舉行」，幷「聲明以上提議，不妨礙行政會爲最後解決此問題而採之任何步驟」，（二月一日路透電）而是時東京路透社電訊所傳，則謂「一二日內將有訓令致日內瓦日總代表佐籐，命其接受此項建議，聞外相芳澤業已覓取陸相海相之諒解」，（二月一日東京路透電），同日東京路透電又云：「聞陸海軍當局，均表示願贊同彭古之建議，即將命日總代表佐籐接受之，惟在會議舉行之前，必須在滬就地將停戰之佈置辦竣」，上電一曰「外相業已覓取陸相海相之諒解」，再曰「陸海軍當局均表示願贊同彭古之建議，即將命日總代表佐籐接受之」，時均為二月一日之事，其時我抗日孤軍，固尚繼續其光榮之勝利也，是日軍放棄其一勝以恢復國家體面之企圖，同意撤兵提案固已由舉國多數之呼聲，實映之於當塗之行事矣，使我方當局，不為私慾所蒙，淺陋所蔽，措應得宜，內挾我軍之勝威，外依國際之調處，從容佈置，監視撤兵，進而課侵略之責任，要損害之賠償，求遼案之解決，禁同事之再生，要之皆戰勝者應有的與合理的條件也，即使事不可期，然戰勝中之和議，即有退讓，不關屈辱，又何至有今日賣國協定之產生哉，今將二月廿八日「坎特」艦上之諒解五項，即二月廿九日彭古提案所依據者，全錄於後，願國人持此以與今之協定比觀，使知滬事和議，實以「坎特」諒解為權輿，而五五協定，所以喪權辱國，尤屬當局不善利用「坎特」諒解之結果也。

三月二日南京外交部發表「坎特」艦上會商之諒解——查中日代表，因英海軍提督克萊爵士之斡旋，曾在坎特軍艦會商，立卽停止敵對之基本條件，當經獲得諒解如下，（一）雙方同時撤退，（二）不得提議永久卸除吳淞或獅子林砲台問題，（三）雙方之撤退，由中日委員會會同中立國視察員監視之，（四）撤退區域，照舊由中國官吏治理，并由中國警察維持治安，（五）中國軍隊退至眞茹，日本軍隊退至公共租界及越界築路地段，俟雙方上述撤退完竣後，中國軍隊退至南翔，日本軍隊退回艦上，（此最後一點，交由將來續開之會議討論之），又議定，如中日政府贊同此項假定之諒解，則雙方正式外交及軍事代表，當舉行一正式會議，以完成此項辦法。

蔣汪諸人，既對內蔽於急待屈辱之隱衷，對外復昧於外交普通之常識，故一聞廿八日「坎特」諒解之訊，喜不自支。因有豔日（卽二月廿九日）軍委會撤兵之決案，曾不略一籌劃撤兵前雙方必要之佈置，又以格於孤軍忠憤之故，恐命令有所不受，更敗和議於垂成，因驅之以變更戰略，期以必從，以故東夕（即三月一日）滬軍「奉令退却」之電，（見第一章引）更毀以「戰略的撤退，再圖反攻」之言，使日兵得跟蹤追擊之便利，而得逃於違棄「諒解」之責言，此皆蔣汪賣國誤國可憐的事實，而為國際間所一時資為笑譚者。

日本外交軍事當局，既於三月一日謀取諒解，接受互相撤兵之提案，此於前引東京路透電中可以證明，及聞中國豔日軍委會之決議撤兵，東夕奉令撤退，又未曾聲明依廿八日坎特諒解之拘束，於是急轉直下，一方則飭軍隊跟蹤邁進，一方則於三月二日夜九時，由英克萊提督處轉來所謂「立即停戰之基本條件」四項，（四項條件載三月四日上海各報，由英提督克萊轉來之說，則見三月十一日滬各報載郭泰祺談話），一反「坎特」諒解之前諾，「坎特諒解」以互退為原則，（原諒解第一項見上引）二月二日之基本條件，則要求中國先撤（見下引基本條件第三項）「坎特諒解」，定日本初步撤退之駐地為公共租界及越界築路地段，（原件第五項）二月二日之基本條件，則統括上海及吳淞區域在內，（基本條件第三項）「坎特諒解」僅及停戰問題，二月二日之基本條件，則主開圓桌會議涉及政治問題，（基本條件第二項）三月一日則準備訓令佐籐，接受提案三月二日，則轉手克萊，忽翻成議，廿四小時之內，卷舒之度，高下驚人，此皆蔣介石汪精衛輩急於屈伏，昧於常識，以豔日一案，東夕一令，自召之禍也，茲將二月二日日方所謂「立卽停戰之基本條件」四項，卽由克萊提督所交來者，全錄於后，願讀者一持與二十八日「坎特」之諒解比觀焉。

三月四日各報載日方覆來所謂「立時停戰之基本條件」日本對於停戰覆文，前晚九時半，由英海軍提督克萊，在英總領事官舍，轉交外交次長郭泰祺，日方覆文內容凡四條，非正式披露如下。

日本覆文，日方所謂立時停戰之基本條件，（一）倘中國保證將其軍隊由上海撤退至若干之距離，（距離由中日當局決定）則日本允停戰若干時，（時期由中日當局議定）在未續有辦法以前，中日軍隊，各守原防，關於停戰細目，由中日軍事當局商定，(二)在停戰期內，中日在上海開圓桌會議，由各關係國代表參加討論，以期對於左段所開中日軍隊撤退方法，連同恢復並維持上海及附近之和平與秩序辦法，以及保障上海公共租界法租界並界內外人生命財產及利益得一協定，(三)撤兵(連便衣隊在內)應由中國軍隊開始撤退，至一指定之距離，俟中國軍隊撤退查明屬實後，日本軍隊，即撤至上海及吳淞區域，又一俟平常狀態恢復後，日本軍隊，再由上海及吳淞區域內撤退，(四)倘有一方破壞停戰條件。他方應有行動之自由，又第一段所開議之停戰期滿時，雙方均得自由行動。

蔣汪既以甘心屈辱，愚昧寡識，自破藩籬，利敵軍之掩進，敵軍既得嘉定安亭，利出望外，因欣然於國聯特會開幕日(三月三日)首先承認停戰，又以宋子文等僞傳戰報，欺騙民衆之故，致反貽日方以宣傳之口實，一時國際視綫，頗爲淆蔽，其事已詳前章，不再贅述，國聯因日方聲明停戰，乃敢爲三月四日之停戰決議，蓋國聯者，無時不於既成事實中找途徑也。

三月四日國聯決議案凡分三項。

三月四日路透社日內瓦電——議長希孟提出下列決議案，國聯議會同憶二月二十八日行政院之決議案及其他擬行採取之辦法，（一）請中日兩政府立卽採取必要步驟，保障切實履行雙方軍事當局已發停止敵對行爲之命令，（二）關於第一條所請求者，雙方如何進行，應將實情隨時通知國聯議會，（三）國聯議會建議中日代表應於上述各國海陸軍當局援助之下，舉行談判，藉謀確實停止敵對行爲，幷以布置日軍撤退事宜，國聯議會幷盼中立各國關於談判之進展，隨時向議會報告。

我國代表顏惠慶博士，附以聲明而接受之，卽謂「如議案文第三條言及停戰，而非言及上海會議，再如議案，不規定日軍從佔據地退走之條件，則渠可接受此案云云」，（三月四日日內瓦路透社電）當時日代表佐籐，雖極力主張修正原決議案第三條「謂該項規定談判之範圍，除布置日軍撤退外，亦宜商議華軍之防地」，然卒因會場空氣之壓迫，瑞士代表摩太懇切友好之勸告，不得已自動撤回其修正案，且亦加入投票，是時議長希孟及諸代表皆面有笑色，希孟至贊議會之全體一致，乃前途良好之朕兆，（并見三月四日路透電）嗚呼，孰知今日五五協定，日軍竟爲「有條件」之撤退，而「華軍之防地」，亦公然予以限制，日代表求之於國聯而不可得，居然獲償於上海，我代表拒之於國聯者，乃亦喪失之於上海，依賴國聯，已屬不取之策，今竟求符國聯之議而有不可能，孰令致之，能不痛心於賣國之奸人乎。

日方對於三月四日之國聯決議，既已接受，乃於三月九日由日使重光照會我方，準備談判，國聯大會於同月十一日亦將關於中日爭端之決議案通過，而十九人委員會之組織，即緣是案而產生，該案之重要，在重申領土完整行政完整之原則，及一切國聯會章非戰公約及國聯歷次議決案之尊嚴，而尤以「大會確認遠東衝突，如在當事國一方兵力壓迫之下，以求解決，則爲違反國聯會盟約之精神」一語，爲予中國以强烈之暗示，亦若中國當道之必然屈辱，爲國聯所前知之事者，該案雖日方反對投票，要自有其拘束力，因幷錄之。

國聯議決草案全文，（十一日日內瓦電）經中國請求召集以便解決中日衝突之國聯會特別大會，於一再討論之後，由其主席團草定一種決議草案，以爲辯論之結束，其草案全文如下，大會認爲國聯會盟約之條文，完全適用於本案，其中特別可適用者，尤爲（一）嚴格尊重條約，（二）國聯會各會員國，均承諾尊重並維持其他國家之領土完整，防止外來侵犯，並承諾對於其相互間之一切爭端，須遵用和平解決之程序，大會以一九三一年十二月十日行政院宣言中，白里安所設定之原則，作爲大會之原則，大會追述此項原則，行政院十二委員，在其二月十六致日本之要求書中，曾重行援用，大會宣言對於盟約第十條之任何侵犯，國聯會各會員不能予以承認，大會以爲此項約束國聯邦交之原則，以及和平解決糾紛原則，均與巴黎非戰公約，完全適合，尤以該公約之第二條爲重，因該條規定締約各國，絕不得以和平途徑以外之方法，解決爭端，大會於預備採取決定，以解決其所受理之爭端以前，特聲明上開各項原則及規定，均有强制性質，並宣言國聯會各會員，對於違反國聯盟約之任何局勢，均有不予承認之義務，大會確認遠東衝突，如在當事國一方兵力壓迫之下以求解決，則爲違反國聯會盟約之精神，並重述一九三一年九月三十日，及十二月十日，行政院採取之決議案，以及三月四日經大會通過並經雙方當事國贊同，使敵對行動立即停止，並撤退日本軍隊之決議案，大會鑒於上海有關係各列强，表示準備合作，以達停戰及撤兵之目的，而於必要時，準備維持撤退區域之秩序，又鑒於一月二十九日，中國請求對於中日衝突，適用盟約第十五條，二月十二日，中國根據盟約第十五條第九項之請求，以及二月十九行政院之決議，因此種種，大會自認爲係受理中國請求書中所開衝突之全部，大會實有適用盟約第十五條所定和議程序之義務，因此大會決定設立一種十九人之委員會，以大會主席及行政院雙方當事國以外之會員，以及用祕密投票法選出代表六人組織之，該委員會，以大會名義，並受其監督，而行使職權，其任務如下，（一）對於停止敵對行動，及遵照三月四日決議案，訂立協定，以停止敵對行動，並規定日本軍隊撤退等事，應從速作一報告，（二）對於九月三十日及十二月十日決議案之履行，加以視察，（三）爲大會準備一種確定解決爭端之草案，於必要時，徵求海牙國際法庭意見，如有認爲緊急及必要之辦法，應向大會提議之，並須從速向大會提出第一次報告，其期限至遲不得在五月一日以後，大會仍繼續其會期過必要時，主席得召集開會。

中日停戰會議在滬上各友邦及調查團遇旋之下，於三月十四日開首次預備會議，日代表爲植田重光田代，我代表爲郭泰祺戴戟黃强，友邦代表列會者，爲英美法意各國，經十九日二十一日兩度會議，決定基本原則三條，爲正式停戰會議之根據，該項基本原則，(一)爲華軍暫留駐原防，以待日後之解決，(二)日軍按照一定程序撤退至一月二十八日以前原防，(三)爲中立國人在內之共同委員會，監視撤兵，及退出區域內之行政，(按上項原則各報均經揭載，第三條內無「退出區域內之行政」八字，獨三月十九日時事新報所載東京十八日路透電內有之，按之五五協定，則此八字非東京謬傳，特中國當時恐人民反對，故爲删略耳)，此項原則，既經宣布，平津滬各地民衆，反對紛起，胡漢民先生持之尤堅決，其言曰「當局對上海和議，竟積極進行，且謂意見漸趨一致，有簽字之可能，我人對於此種消息，實希望其不確，苟不幸而竟爲事實，則予及一切忠實於三民主義之同志，當鄭重聲明此種誤國賣國之行爲，非中國國民黨所爲，而當由誤國賣國者各個自負其責任，申言之，即凡以三民主義爲行動中心之同志，必不任其咎，且必將以種種方法反對之也」，(三月二十三日港報全文存附錄中)其對於基本原則之評判則曰，「就第一項留原文爲「華軍暫留駐原防」，留駐原防云者，是不啻明示我因援絕而失守之淞滬，此後將不復能駐軍，雖有一「暫」字可資伸縮，然「暫」之爲義，至爲含混不清，且不審暫至何時爲度，就第二項言原文爲「日軍按照一定程序撤退至一月二十八日以前原防，此項程序或將由正式會議規定」，其中所謂一定程序者，初無明定之日期，原則如此，則將來所謂正式會議之結果，抑亦可知，查國際聯盟會，對日本進兵東三省事，曾有數次決議，限期令其撤退，顯皆未能生效，而謂上海會議，所定此種空洞之原則，能使日人奉行，其誰信之」，（同前引）至胡先生之主張，則謂「余自始認定上海事件，與東北事件爲整個問題，故無論如何，必須求整個之解決，而在日兵未撤退上海以前，尤絕無交涉可言，蓋滬案之發生，不獨係由日人暗襲閘北而起，且係日人侵佔東北連帶引起之一種相似的暴行，所謂局部解決，一方面爲不合法理與事實，同時且亦充分顯示我人對日之屈辱，而東北失地，亦將永無收復之望」，（同前引）自胡先生此項談話發表後，與其前次所揭櫫之「抵抗拚命」四字（見前編附錄第一篇）同時成爲海內外抗日的三個中心原則，即（一）滬案與東案爲整個問題，反對局部的解決也，（二）在撤兵不交涉，反對武力壓迫下之談判也，（三）實行抵抗拚命，反對欺人的口頭「長期抵抗」也，即至今日，此三原則與國民所有言論仍相符合，此則參閱附錄中各方宣言通電而可知者。

中日正式停戰會議，於三月二十四日開第一次會，依據預備會所定之基本原則，分析爲協定草案五條附件四號，連日迭有討論，其關於我方者，（如華軍留駐原防等）則容易通過，其涉及日方者，則忽起波瀾，初則爲駐兵地域之爭持，繼則爲撤兵期日之無限。

撤兵地域，據三月二十六日時事新報所載路透社日內瓦更正電，言及議長希孟報告停戰會議則第二項，本爲「日軍退至公共租界及虹口區域之越界築路地帶，惟日軍數衆，故其一部可暫駐於上述區域毗連之地段」，即使依此定議，我國已爲喪權，乃日人利我當道甘心屈伏，會議時，居然提出超出原則之四地點，爲日軍駐地，即（一）眞如（二）大場（三）楊行（四）吳淞，經小組會之屢勘討議後，我國居然報以四地，卽（一）閘北（二）江灣（三）引翔（四）吳淞，大華晚報評之曰，日方之要求爲討價式的要求，我方之讓步，乃爲還價式之讓步，討價式的讓步，則讓步而實爲進步，惟還價式的讓步，乃眞讓步也，斯可謂妙於取譬矣。

駐兵地域，日方旣獲超於原則之勝利，撤兵期限，則尤屬如願以償，蓋五五協定，始終未規定日軍撤退期限也。

撤　期限一事，在交涉之過程中，雖曾現不少之周折，但此全爲欺罔民衆之把戲，蓋屈辱早成旣定之事實，此觀於四月十六　路透電所傳　代　佐籐氏聲明中，已有臨時協定之語，及犬養首相代表松岡洋右氏回國報告，謂簽字不成問題，目前周折，乃中國內部問題之語，已可推知，至若國都之自洛遷回，郭泰祺之酬庸新命，（郭泰祺雖奉命簽約，但頗以曹陸章王受撻之前事爲戒，汪精衞因許以約成使英，以避責伐，更於簽約前先見明令，以堅其信，惜乎輶軒望竭，難終莫免，足徵國賊雖精於自謀，不免仍有差失也），尤爲不辯之證，其所以故事周折者，特力做

「智窮力竭」四字文章，（五月七日上海各報載外長羅文幹六日對外交談話云，此次停戰協定，雖未能令即日完全撤退，然交涉經過，實已智窮力竭，）欲以求諒國民，適賣國誤國之罪耳，然則此種周折也，吾人概以烟幕作用視之，略述之不須詳徵也。

撤兵期限，日方始終不允爲明確的規定，而其首將白川等又屢發出位之言，以事恫嚇，常謂日兵若撤，即與日本出兵之目的有違，會議方面，我雖再四遷就，彼則倔強如故，初允爲自動的聲明，謂俟常態恢復後，日兵即自動撤退，而其所謂常態恢復者，意義至難詮釋，有如至謂包含抗日之言動在內，則我方永符日方所謂常態者，必須停止所有一切愛國活動，斂抑所有一切愛國情緒，始足爲撤兵時日之商討，其爲缺乏之誠意，不問可知，至四月七日英使藍博森又從中調停提出，所謂折衷辦法三條，日方初允自動聲明，希望於六個月內常態恢復得以撤兵，中國急於遷就，則亦還價爲三個月，而於希望二字，則求改爲切望，以增厚原文之語氣，可憐之態，得未曾有，日方堅執，初無妥協望，英藍使者，以善折衷聞於時者，執兩用中，因建議改六月爲四月，卒不獲定議，至四月十一日，而開會十四次，耗時十餘日之停戰會議，卒不得不暫時停頓，而復移送國聯。

國聯十九人委員會得中國之請求，經三日之非公開會議，於四月十九日通過決議草案十四條，其十一條則規定授權上海中立國人參加組織之混合委員會，有決定日本撤兵之適當時期之權限，且規定混合委員會，不能獲一致之通過時，卽多數之票決亦能生效，是時日方代表，堅決反對此種混合委員會之職權，謂爲侵及日本天皇之統帥權，謂彼邦憲法，凡軍隊之動員復員，必須得天皇之勅許也，其時國聯諸小國，均極憤慨，自行集會，主對日方爲堅決的裁制，而善於折衷之英藍使，此時因得蔣汪之請託，由滬飛寧，又提所謂折衷辦法，卽將國聯議決案之權力，略事減縮，而解釋範圍，更形寬泛，務全日方體面，而四月卅日開國聯公開大會，卒將十九人委員會提交，而經英藍使修正之決議案通過，於是停戰會議，又於小國失望，國民憤慨之情緒中仍折回上海復開，茲先將國聯四月卅日通過之議決錄後，以渥會重開，實以此項決議案爲之轉捩也。

四月卅日國聯特委員決議案全文

(一)查國聯議會三月四日及十一日之決議案，建議中日代表從事談判，由上海租界享有特殊利益之各國文武海陸當局協助以期議定確實停戰及規定日軍撤退之辦法。

(二)查三月四日及十一日議會決議案所涉及之停戰撤兵辦法，雖僅能於當地議定之因而特別委員會不能取談判者而自代，但出席停戰談判之各參加國在進行談判時，或實行上述停戰撤兵辦法時，如遇有重大困難，應通知特別委員會，由特別委員會代表議會，並受議會之監督解決之。

(三)查停戰撤兵談判，應依據上述之議會決議而進行，當事國之任何一方，不得堅持與上述決議相抵觸之條件。

(四)又查悉送交本委員會之停戰協定草案之條款，已業經雙方接受。

(五)認爲此項條款，均與上述決議案之精神相符。

(六)特別察悉依照第三條，日政府擔任履行將其軍隊撤回公共租界及虹口越界路築路地帶，一如一九三二年一月二十八事件以前之原狀。

(七)聲言國聯議會三月四日及十一日決議案之精神，係日軍之撤退，應於近在之將來履行。

(八)聲言三月四日之決議案，須俟日軍完全撤退後始爲遵行。

(九)察悉協定草案規定設立共同委員會，由中立國會員參加，以查明雙方軍隊之撤退，並對於日軍撤退之區域，協助辦理其組織及移交與中國警察，俾日軍一經撤退，中國警察卽行負責。

(十)察悉該委員會依照其決定，用其認爲最善之方法，監視第一第二第三條之實行，而第三條規定日軍完全撤回，一如一月二十八日事件以前之原狀，甚爲滿意。

(十一)察悉協定草案附件第三條所規定，該委員會之權限，爲監視該協定第一第二第三條之實行。並包括對於實行上述各條規定之任何疏懈，有依照上述附件規定之行爲，決議促使注意之權。

(十二)懇切建議於當事者，雙方恢從現在整頓中之談判，俾得早日結束，並請在上海租界有特殊利益之各國政府，爲達此目的，繼續斡旋。

(十三)明白指明倘不能按照三月四日及十一日決議案獲得結束，則本問題必須再提出於議會。

(十四)請求在上海租界有持殊利益之各國政府，將其由參加共同委員會代表與得之報告，轉報國聯。

日方既於上海和會，奏空前之勝利，又以黑軍反正，遼西義軍蜂起，急須抽調滬軍，前往應敵，故利協定速成，誰天長節日虹口公園之炸案，亦未嘗展延預定簽字之期，故辱國協定，卒於孫總理就任非常總統之五五紀念節日，在租界當局嚴密的戒備中，由中日代表郭泰祺重光葵等分別在病榻上簽字。

協定之已公布者，凡本文五條，附件三號，玆先就各報所公表者。

中日停戰協定

關於中日簽訂之停戰協定，其中文本協定昨已公佈，全文如次。

第一條　中國及日本當局既經下令停戰，玆雙方協定，自中華民國二十一年五月五日起，確定停戰，雙方軍隊，盡其力之所及，在上海週圍停止一切及各種戰鬥行為，關於停戰情形，遇有疑問發生時，由與會友邦代表查明之。

第二條　中國軍隊，在本協定所涉及區域內之常態，恢復未經決定辦法以前。留駐其現在地位，此項地位，在本協定附件第一號內列明之。

第三條　日本軍隊應撤退至公共租界暨虹口方面之越界築路，一如中華民國二十一年一月二十八日事變以前之原狀，但鑒於須待容納之日本軍隊人數，有若干部隊，可暫時駐紮於上述區域之毗連地點，此項地點，在本協定附件第二號內列明之。

第四條　為證明雙方之撤退起見，設立共同委員會，列入與會友邦代表為委員，該委員會並協助佈置撤退之日本軍隊，與接管之中國警察間移交事宜，以便日本軍隊撤退時。中國警察立即接管，該委員會之組織及其辦事節序，在本協定附件第三號內訂明之。

第五條　本協定自簽字之日起，發生效力，本協定用中，日，英三國文字繕成，如意義上發生疑義或，中，日，英三文間，發生有不同意義時，應以英文本為準，中華民國二十一年五月五日訂於上海。

中代表〇〇〇簽署

日代表〇〇〇簽署

見證人（依據國際聯合大會中華民國二十一年三月四日決議案協

助談判之友邦代表）簽署

中日停戰協定附件

附件第一號

本協定第二條所規定之中國軍隊地位如下。

查照附連上海之郵政地圖，（比例尺十五萬分之一）由安亭鎮正南，蘇州河北岸之一點起，向北沿安亭鎮東最近小浜之西岸至望仙橋，由此北過小浜至沙頭東四基羅米突之一點，再由此西北上揚子江邊之滸浦口，幷包括滸浦口在內。

關於此項地位遇有疑問發生時，經共同委員會之請求，由該會委員之與會友邦代表查明之。

附件第二號

本協定第三條所規定之地點如下。

此項地點，在附黏四地圖各別標誌ＡＢＣＤ幷稱爲一，二，三，四各地點。

地點（一）見A圖，雙方訂明，（甲）吳淞鎮不在此地點內，（乙）日方不干涉淞滬鐵路暨該路工廠之運用。

地點（二）見B圖，雙方訂明，萬國體育場東北約一英里許上海公墓，不在日軍暫用地點之內。

地點（三）見C圖，雙方訂明，曹家寨及三友織布廠不在此地點之內。

地點（四）見D圖，雙方訂明暫用地點，包括日人公墓及墓東入口之路在內。

關於此項地點，遇有疑問發生時，經共同委員會之請求，由該會委員之與會友邦代表查明之。

附件第三號

共同委員會以委員十二人組成之，中日兩政府，暨依據國際聯合會大會三月四日決議案協助談判之與會友邦代表，即英，美，法，義各駐華外交代表，各派文武官吏代表各一人爲委員，該會委員，依照委員會之決定，得隨時任用認爲必要數之助理員，所有關於程序事宜，由委員會斟酌辦理該委員會之決定，以過半數行之，主席有投票取決權，主席由委員會內與會友邦代表委員中選舉之。

委員會依照其決定，以其認爲最善之方法，監視本協定第一，第二，第三，各條之履行，並對於履行上述各條之規定，有任何疎解時有促使注意之權。

日本軍隊，向上列地點之撤退，於本協定之生效後一星期內開始，並於開始撤退起，四星期內撤完。

依照第四條所設之共同委員會對於撤退時，不能移去之殘疾病人或受傷牲畜。採取必要辦法。以資照料。並辦理其日後之撤退事宜，此項人畜，連同必需之醫藥人畜，得遺留原地，由中國當局，給予保護。

我方代表對會議時討論協定第二三條時，曾爲下列之聲明。

我方代表聲明，我方代表在會議時之聲明書如下，我國方面在開會討論第二條時，曾作以下之聲明，「雙方了解本協定內，對於中國軍隊在其領土內之調動，並不含有任何限制」，當時雙方同意此項聲明，前次會議時，業經接受，應無異議」，關於第三條，我方亦作以下之聲明，「雙方了解按照協定第三條，日軍暫駐區域內之市行政權，包括警權在內，仍由中國當局行使之，日軍之暫用該項地點，於上海市政府之工作，不得有任何妨害」。

日方代表田代參謀長的停戰簽字後，亦向日記者發表談話，其要點如下。

五月五日上海每日新聞夕刊載田代參謀談話云，關於協定中二三重要事項，特附加說明之，（一）協定第一條，「停止一切及各種戰鬥行爲」句，其意義實包含便衣隊之活動，及一切挑撥敵對心之言動等，（二）關於蘇州河南方區域，及黃浦江東方區域中國軍隊駐防問題，除在協定第一條中，「上海週圍停止敵對行爲」句，有明白之規定外，復在會議錄中有諒解事項之紀錄云云。

因田代之解釋，涉及會議錄中諒解事項之紀錄，而五月五日東京電通社紀日芳澤外相談話，亦稱協定分協定附屬文件，以及議事錄三類，於是國人始知辱國協定外尚有不能宣布協定諒解密件，因此籲請政府全部宣布者函電紛馳，雖政府方面，諱莫如深，而日人報紙，則日有宣布，政府雖復爲非正式之否認，然事實爲最强之答案，固不難一一尋索也。

據上海大晚報五月八日之紀載，根據日方消息，則所謂諒解者厥有三項。

(一)取締反日事件 日方原來堅持此項條件，固執在協定文中以明文規定，我方以民意爲辭，結果由中立國代表調停，僅當入於會議錄中，作一種諒解。

對於此項諒解事實之存在，可以下列諸事證明。

(1)五月五日上海每日新聞夕刊載田代參謀談話，(一)關於協定第一條，「停止一切及各種戰鬥行爲」句，其意義實包含便衣隊之活動，及一切挑撥敵對心之言動等。

(2)五月十一二等日上海各報載停戰協定副本字義修改，中國已徇日本請求將協定文中英文（Hostilities）一字，原譯爲「戰鬥行爲」者，現於中文本上改譯爲「敵對行爲」，蓋「敵對行爲」實較「戰鬥行爲」爲廣闊，後者僅及軍事之戰鬥，前者則如田代之解釋，可包含「一切挑撥敵對心之言動」在內，如抗日之活動，抗日之言論，均在取締之列也。

（3）協定簽字後，以抗日著稱之大華危言，即被上海市當局，要求捕房查抄封禁。

（4）五月七日字林西報載北平六日路透電，中日休戰協定簽字後，國民政府發布命令，訓令上海北平及全國各處之中國當局，解散一切反日抵貨團體，並停止檢查日貨，據北平數反日團體已奉令停正活動。

（5）五月八日大晚報載日軍部某參謀向日記者團發表關於滬案善後之重要談話關於排日，當然包括在停戰協定之中，協定第一條之「停止敵對行爲」一語，不僅指停止軍事上敵對行動，政治上敵對行動，亦包括在內，故今後中國當局，是否忠實履行協定義務，應視其取締排日。

(6)五月九日申報載中日停戰協定簽字後，日來進口日貨，幾如潮湧，茲據海關進口房某職員云，此項日貨，以棉花居多，餘係雜貨，近一週內三井洋行一家約納稅銀十萬之譜，據聞現在滬東西各日紗廠，已完全開工，該項棉花大都供給日紗廠所需用。

(7)五月十四日上海時報載東京十三日電，大藏省發表，四月內日本對華貿易總額，輸出二千四百五十六萬八千元，輸入一千七百九十七萬三千元，比較上年同期輸出增加五十八萬九千元，輸入減少七百四十二萬八千元。

上述七事，關於文字，則聽其為廣泛之解釋，關於事實，則已有顯著之證明，是取締反日事件之為諒解一端，似非空言所能否認事實。

第二諒解為

(二)解散十九路軍　日方要求解散十九路軍，如庚子役懲辦義和團首領故事，我方只允換防，關於此項諒解事實之存在，亦有下列之證明。

(1)四月廿二日申報新聲社云，滬西日軍，於停戰會議停頓期內，軍事行動，益趨積極，現已越蘇州河侵入華漕鎮，諸翟鎮，紀王廟，蟠龍鎮，重固鎮等處，我軍爲避免衝突起見，完全退至七寶莘莊，北新涇即蘇州河南，已無我軍駐紮。

(2)四月廿二日時事新報上海附近之軍事動作，現已停止，前駐滬西南面之我軍，已向後撤退。

(3)五月九日時事新報本報八日正儀電，十九路軍總指揮部定三日後遷蘇，部隊六十師駐常至丹，六十一師駐鎮至京，七十八師駐蘇至錫，蘇至滬，將由第一第四兩師及本來之保安隊擔任，八八師八七師及四七師暫仍駐原防。

(4)五月十一日上海各報載蔣光鼐蔡廷楷覆上海地方維持會救國聯合會等團體虞電，聲明辭職原因，中有「精力不繼，負咎已多，退守以還，雖政府寬容，不加書罰，國民原諒，勉予飭勵，午夜自問，能不慚仄，今戰事已告一段落，還後應付方略，政府已有成算，則臨時軍職，自應請免」等語，自有一種不可明道之隱痛，洩於腕底，試問該軍以失援受騙而退，有何慚仄，以道政府之責罰，所謂臨時軍職，自總指揮軍長而言，然自汪精衛託言長期抵抗，蔣介石通電枕戈後，實際全國各省，皆存總指揮軍長之名，蓋自表面講來，似皆已入戰時狀態者，今他軍均未復員，蔣蔡以抗日先鋒，論情不應率先請免，況滬上敵軍壓境，東北尙佈戰雲；告一段落之說，尤如無據，足徵內幕，必有迫於外勢，强令退休之條件。

第三項諒解爲

（三）浦東及蘇州華軍不駐兵條件　此項諒解事實之存在，亦有下列之證明。

（1）四月廿二時事新報載上海附近之軍事動作，現已停止，前駐滬西南面之我軍，已向後撤退。

（2）五月七日上海每日新聞夕刊載日代表田代參謀長談話第二條「關於蘇州河南方區域及黃浦江東方區域中國軍隊駐防問題，除在協定第一條中「上海週圍停止敵對行爲」句，有明白之規定外，復在會議錄中，有諒解事項之紀錄。

此外則警權問題，在公表之協定全文中，殊無「特別警察」之規定，而市府祕書長俞鴻鈞氏答日代表之問話時，忽有「特別警察」一名詞，（五月八日申新各報）而汪精衞覆上海市商會蒸電，亦有「關於特別警察接管事項，另由中國政府自動宣言」之語，（五月十一日申報）是此種特制之規定，旣不見於協定正附文件，亦當爲會議紀錄上諒解事項之一部，故政府而仍強謂別無會議諒解事項者，實未見能自圓其說也。

汪精衞所謂特別警察接管事項，另由中國政府自動宣言之語，究爲何種宣言，未據宣布，吾人僅見五月八日各報紀市府祕書長俞鴻鈞氏與日代表問答之語，日代表謂「北平警察由外人顧問，訓練良好，我方俞鴻鈞遂又答以我人不知外籍顧問，僅知專家」等語，此項談話之露佈，殊非偶然，所謂專家顧問，名實相同，政府之必爲此項聲明，殆亦襲狙公飯狙之故智，吾人再一參考，大晚報五月八日所紀日軍部某參謀談話，有「特別警察原係由荷蘭警察專家訓練養成的中國新式警察，現仍有外人顧問指揮，但無日本人顧問，故當置日本人顧問若干人，參與指揮」等語，然後深悟俞鴻鈞氏與日代表公式的對答，實爲特別警察聘用日人訓練之張本，蓋必先撤去外籍問題，則受聘者以「專家」資格而受雇，在政府之立場言之，尚可罔飾國民耳目，屈辱之罪，亦從而末減也，特不識汪精衞所謂自動宣言，尙有超出此種解釋外之事項否。

停戰協定之爲喪權辱國，固不待言，會議紀錄之諒解事項，更較協定爲酷，尤爲顯明之事實，自此項協定及諒解事項，先後公布發覺後，海內外公私團體之反對，及私人之批判者，所在多有，擇其嚴切明曉者，存後附錄中，此處亦不必再事駢羅，維以我見今當分述日本國內最近對華之方針三事，以殿吾書。

（一）以共管之利結列強也　列強對於日軍之侵華，所以屢致齮齕之意者，非有所厚於我也，特不欲日人之獨有其利耳，日人亦熟知在列強虎視之下，東方塊肉，吞之不克下咽，於是希望利用外交之策略，分散列強之陣線，始也在歐則聯法以制英，在滿則尊重中東路之權利，媚俄以間美，繼而迫於事實之需要，不得不奪用中東路而開罪於俄，則又宣言維持門戶開放主義，反對赤化之說，西向而結美，終之以史汀生歐行之故，又經俄美首腦人物之會見，事勢轉變，有以迫日本外交方略之改轍，蓋始則利列強之互制而獨有其利，今則謀列強之交親而均有其利，方略一轉移間，日本在遠東掠得之利益，雖不免稍分，而在列強間敵意之存在，則大形消失，蓋暫屈以求伸，以待有為於來日也，其在列強間，亦知日本暫時共利之意，有其深心，但各以本國丁凋殘之後，軍事之佈置，大須易易，又以中國政府，存心屈伏，為難扶之醉人，則亦不如暫均其利，以待有為於來日，要之均中國之損失也，日本之暫捐，為惠而不費，列強之姑與，亦取不傷廉，此上海化為國際自由市之議，所以得列強共利之諒解，由醞釀而即於成功，且將推其制於廣漠之東北三省也。

上海協定簽字後，日本犬養首相芳澤外相及海相陸相均先後發表談話多次，皆着重於繼停戰談判後之圓桌會議，而其議題，則為促成上海國際自由市之實現，芳澤外相且於五月十四日在東京邀集英美法意四國大使集議，公然以上海改為國際自由市，市周圍為不駐兵區域一條，提請各使報告本國，并宣稱俟列強答覆日本後，即將在東京舉行圓桌會議初步談判，（路透社十四日東京電，見十五日上海申新各報），吾人再一參考重光公使，前次宣稱圓桌會議，雖中國不參加，其議案亦能生效云云，則可知列強態度，實已由助我不得，變而為共以謀我之酷境，此實日本以共利結列強之外交策略，全告成功，而汪精衛輩，向所資為解嘲之「一面交涉」之武器，得果如斯，要未知將來尚作一何種轉語也。

日本之佔有滿洲，侵及淞滬也，屢言血肉之犧牲，以張其代價，今既與列強共有其利，儼如強盜得贓，路遇偵者，因請分其所得，賄不令聲，偵者之所得，誠出望外，然盜以辛勤之餘，至不能獨據贓私，雖幸縲絏之得逃，終憾橐囊之半去，竊喜之中，仍不免悻悻之情也，故日外相芳澤之言曰，日人感覺在滬，非特為本國作戰，且為其他各國作戰，日人實代人作嫁，（東京路透社五月十一日電，見上海各報）其詞若有憾焉，其情蓋可窺見矣，又五月八日上海申報譯日文上海日報之紀載，有云「有少數國家主張滿州歸國際共同管理，但我國（指日本）以滿州問題，由滿州國自身解決，歸滿州政府統治，如在必要時，不惜予以援助，我政府即秉此既定方針施行，萬一今後國際聯盟會議，對日本有不當的處置，則我國決採強硬方針，脫退聯盟云」，似國際共管東省，為出之列強之要求，而非關日方之賄託者，要之日本官方，既已表示其為人作嫁之誠，則方略已成既定，而言論界方面，尙為推排之論，以符索價還價之旨，要之各如其分，皆題中應有之義也，是東省廣漠之地，亦將繼上海之後，而復為國際自由市場，又不遠之事也，外長羅文幹於滬協定既簽字之後，發表談話有云，「滬停戰協定，僅解決停戰撤兵問題，其他事件，爲中日整個問題之一部，須與東省問題，整個解決」，其言實別具深意，夫滬案與東案之須整個解決，爲胡漢民先生堅決主張之一，全國上下，罔不同此呼聲，激越之情，曾未能打斷當道局部解決之妄舉，今既濫簽辱約，將不駐兵不抗日及其他涉及政治問題之重大事項，均經羼入協定，而爲化上海爲國際自由市之準備矣，今忽從其後而呼之，曰東案與滬案整個解決，是直謂依樣葫蘆，東事將繼滬事而斷送也，日本之以共管之利結列强也，列强信之無足怪，何則，交有其利，無損於巳也，獨奈何以我國亦甘爲魚肉而聽之，豈以國人情緒，方專於抗日，亡於列國，較獨亡於日本，爲減少怨尤耶，嗚呼，安得利刃，出奸人之心肝而畢驗之。

（二）利用各個擊破之策略也　日本蕞爾一邦，雖船堅礮利，然軍額有限，徵調困難，自度不能竟有中國也，因熟知中國統兵大員，皆懷巳自私，秦越相視，有以利其各個擊破之方，故得縱橫如意，初遼吉之陷也，馬占山以孤軍守黑，日人圍攻不勝，此時張學良擁兵尚二十萬，由錦州薄瀋陽，由熱河左旋，皆可牽制日軍，遙作士氣，而橐弓不應，馬以生降，而黑哈非我有矣，繼而日圖錦州，一中全會，議選二十萬勁旅死守，案置不行，錦州以失，日軍旣一三省，乃分兵圖滬，此時蔣介石北上收復失地之言，張學良戴罪圖功之說，汪精衛討伐新國之令，日見報紙之宣傳，國人皆以極大之熱誠祝之，期其首擊尾應，牽制敵軍也，結果東省之收復，只聞其聲，淞滬之血戰，反以失援受騙而退，今黑馬旣反正，義軍復蠭起，又甘以一紙協定自限，而聽日本移師北侵，而榆關又告危急矣，凡此要皆蔣介石汪精衛輩，別具肺肝，隨時予敵人以各個擊破之便利，事實如此，未嘗爲分毫之周內也，嗚呼，西安之陪都已建，洛陽之行館將成，蔣汪等三窟之營，固已「避難」有所矣，長期抵抗之謂何，我黃炎子孫，盡將被羈而爲奴矣。

(三)利用移轉注意之策略也　瀋案因萬案鮮案而起者也，自瀋案出而萬案朝案，不見之外交之文書矣，滬案繼瀋案而起者也，自滬案出，而瀋案不見之於軍人之腦海矣，自局部交涉之說生，外交壁壘，打成片碎，日本欲解決甲案，則製造乙案足矣，欲解決乙案，則製造丙案足矣，以中國政府，自始不明整個解決之原理，則自可利用造案方法，移轉其注意之力，蔣伯誠氏前兩月在濟南告新聞記者，曰使滬事早得解決，則第二滬事早已發生，今滬事由政府解決矣，五月十三日上海各報所紀十二日東京電通社訊，日本陸相荒木之言曰，「惟中國方面不變更排日的態度，中國各地，均有發生第二第三上海事件之危險」，其言之鮮明，不啻爲造案前之露布，可佈之事實，行且來告，非余好先爲不祥之音也。

上述日本對華之三種方略，非其本身有若何獨到之處也，特以吾人不能利用對策，其效乃彰，(一)惟其吾人不能利用抵抗拚命四字之原則以立自助之基也，故自墮爲不扶之醉人，而累列強間陷入援我不得，轉而謀我之酷境，而日人乃得達其以共管利結列強之功矣，(二)惟其吾人不能利用不撤兵不談判之原則也，甘心屈伏，爲城下之盟，而日人乃得以一紙協定之保障，限我軍不得進駐我土，而彼乃得抽調屯軍，節省軍費，（參看附錄陳友仁對協定之批判）有以遂其各個擊破之術矣，（三）惟其吾人不能利用東案滬案求整個解決之原則也，甘心墮局部交涉之阱，而日人乃得以造案方法，轉易目標，有以成其移轉注意之巧矣，吾人不願終聽政府之誤國賣國鬻我爲奴也。亦有道乎，當前之計，除舉國一致，否認濫簽之五五協定外，根本之圖，要仍在堅持上述胡漢民先生所揭櫫之三項抗日基本原則，繼續奮鬥，以求出路，非然者，則我之策廢，斯人之策彰，而吾屬爲虜矣，尙何說乎。

附錄

胡漢民對中日和議之嚴重主張

局部解決爲不合法理與事實且顯示我人對日之屈辱
苟不幸而竟成事實當由誤國賣國者各個自負其責任

上海中日和議，日來進行至力，電訊紛傳，謂雙方意見，已日趨接近，雖內容極祕，而日昨所公布之三項原則，于我國已蒙重大之不利，平津滬各地民衆，紛起反對，記者以此事關係嚴重，于昨午往赤柱謁胡漢民氏叩詢其意見，胡氏抱病之餘，痛斥國事之非，辭極悲憤，茲將其談話紀下，自十九路軍以絕援離淞滬，於是上海有所謂中日和議之進行，苟此項和議而有合理的根據，幷能絕不損害我國家固有之主權，我人自不否認，惟近兩日來，報章傳載關於和議之消息，其所定所謂停戰之原則，乖謬離奇，殊出人意外，就第一項言，原文爲『華軍暫留駐現防』，留駐現防云者，是不啻明示我因援絕而失守之淞滬，此後將不復能駐軍，雖有一『暫』字可資伸縮，然『暫』之爲義，至爲含混不清，且不審將『暫』至何時爲度，就第二項言，原文爲『日軍按照一定程序撤退至一月二十八日以前原防，此項程序，或將由正式會議規定』，其中所謂一定程序者，初無明定之日期，原則如此，則將來所謂正式會議之結果，仰亦可知，查國際聯盟會對日本進兵東三省事曾有數次決議，限期令其撤退，顧皆未能生效，而謂上海會議所定此種空洞之原則能使日人奉行，其誰信之，余自始認定上海事件與東北事件爲整個問題，故無論如何，必須求整個之解決，而在日兵未撤退上海以前，尤絕無交涉可言，此意於予前發之談話中早經述及，蓋滬案之發生，不獨係由日人暗襲閘北而起，且係日人侵佔東北所連帶引起之一種相似的暴行，所謂局部解決，一方面爲不合法理與事實，同時且充分顯示我人對日之屈辱，而東北失地，亦將永無收復之望，凡此所云，實非予一人之言，即駐滬各中委亦有同樣表示，而凡尚有良心，尚知愛國之中國人，亦必有同樣之觀感，此觀於上海平津各地民衆團體之表示而可知也，蓋如不幸而竟承諾此種喪權辱國之條件，則東北淞滬固將非我所有，而我國因日人暴行所損失之一切生命財產，及一月餘十九路軍將士之流血抗戰，將絕無代價可言，人孰無心，顧謂當容忍之耶，乃日來道路傳聞當局對上海和議竟積極進行，且謂意見漸趨一致，有簽字之可能，我人對於此種消息實希望其不確，苟不幸而竟爲事實，則予及一切忠實於三民主義之同志，當鄭重聲期此種誤國賣國之行爲非中國國民黨所爲，而當由誤國賣國者各個自負其責任，申言之，即凡以三民主義爲行動中心之同志，必不任其咎，且必將以種種方法反對之也，所望全國人民，能羣起督責，以延國家民族一綫之生機，而報界同人，尤當激發天良，爲民衆之前導也

各團體救國會對於和平談判表示

上海各團體救國聯合會關於和平談判之宣言云，此次和平談判，固全市民衆所

極端樂聞，但和平程序，必先根據國聯決議，離開武力壓迫，始有進行之可能，而和平方案，尤必不防礙領土完整，政治獨立為基本原整，其用武力破壞我國領土行政者，必須承受合法之制裁，負担相當之賠償，本會在上述前提之下，為左列三種認定，由此認定，規定其共同遵守之原則，（一）倘和平談判不俟日兵由我國領土完全撤退，而在日本大軍壓境中進行，即為違反國聯議決，（二）倘因和平談判之結果，而使我領土內之行政內容，及其形式，生何種之變化，或使我軍隊在我領土內之行動，受何種之限制，皆為破壞領土完整與政治獨立，（三）倘和平談判不包含濫用武力之制裁，及戰區公私損失之賠償，即與保障領土完整政治獨立之精神相背，三者有一於此，即係妨礙我民族之生存，及國家之獨立，同時違背國聯盟約及華盛頓九國公約與巴黎非戰公約暨國聯行政院與大會之決議，本聯合會所屬各團體絕對反對之，謹此宣言，維希公鑒。（三月二十日申報）

陳友仁批判停戰協定

前外交部長陳友仁氏，昨對中日停戰協定，發表意見如下，本月五日簽訂的中日停戰協定，究竟是中國的勝利，還是日本的勝利呢，我以爲首先要注意的是下列的兩件事實，（一）據外報紀載，這個協定原本定在五月二日星期一簽字的，但日本人却要求改在五月五日簽字，這個日子是孫中山先生在廣州成立革命政府的第十一週紀念之日啊，（二）日本外相芳澤，昨在東京爲這個協定的簽定，表示向郭次長泰祺慶祝，自然一個人萬萬不會因自己的敵人戰勝了自己，却反向他慶祝的事，這兩件事實所表明的，就是日本人已承認這個協定的結果，是日本人的勝利了，更進一步推究，無論從這個協定的大原則上或詳細條文上看，我想日本人還有很好的理由，是承認這個協定爲日本政策勝利的符劵的，何以故呢，大家都知道中華民國的領土，是整個不可分割的，這就是說如果敵人侵犯了中國的一部（如滿州），就是侵犯了整個中國，所以中國國民為什麼要堅持東三省問題與上海問題，一定要作為同一問題解決的最大的基本的理論，這是全體中國國民的公意，南京政府的領袖汪先生，也曾宣言過的，可是這個協定的結果，是怎麼樣呢，在南京政府和那些幼稚的外交家，以為上海停戰協定，止是軍事的問題的臨時協定，不致涉到政治問題，自然與國家領土之統一完整，不相侵犯，但是事實上有那麼一回事麼，當甲國一部份領土，受乙國的侵略，而甲國和乙國竟然簽定了自己另外一部份領土暫時休戰的協定，可是其餘的一部份領土，還依然繼續在敵人侵略之中，這不是明明已經將自己的領土統一完整撕破了嗎，所謂祇是解決軍事不涉政治，還不是自欺欺人之談麼，還有一層，據李頓的調查報告，其最注重之點，就是指出東三省自從日本霸佔了七個月，依然陷於極端紛亂之狀態，在日本人的宣言，本來是說他所以要派兵佔領東三省，是因為要維持東三省的治安，如今日本人，還有什麼話說呢，國聯調查團已指出日本人侵略的結果，只是造成了東三省的無政府狀態能了，這是對於日本政府在國際上的面子很壞的一樁事，日本人正在企圖怎樣恢復東三省的治安，就是用盡全國兵力，也在所不計的，日本人爲着這個緣故，所以才熱望上海停戰問題之早得解決，俾他可以調回在上海的一部精銳之師到東三省去來消滅中國人民抗日死戰的義勇軍，以完成他攫取整個東三省的計劃，而同時在我們中國方面呢，却由這一紙的協定，限制了中國軍隊，不能再自由調遣到本屬自己領土的上海週圍，日本人却因爲有這一紙協定的保障，可以節省了上海五萬駐兵的兵力和浩大的軍費；此後祇使用少數的部隊，就可以很安慰地拿着上海了，這不是於日本人最有利益的嗎，還有一層，詳細考究這個協定的條文，如第二條所載，「中國軍隊在本協定所涉及區域之常態恢復未經決定辦法以前，留駐其現在地位」，究竟所謂常態恢復，幾時才能決定呢，幾時才得日本人同意的決定呢，而且日本人還聲明所謂常態恢復，不止於軍事，就是反日的宣傳排貨的運動等等，也都在內，此外日人還在外報宣言，他們所認爲涉及區域連蘇州以南黃浦江以東一帶地段，也在其內，而我方却沒有聲明否認，照這樣推測，我國在上海的主權，還容易有恢復的希望嗎，有人也許會說，然則你便主張日本軍隊不退出上海還好嗎，我可以無疑的回答，日本軍隊自然要退出上海，但不止僅退出了上海，還要他同時退出東三省，不然就只有抵抗，只有拚命的抵抗。（五月七日申報）

上海各團體救國聯合會宣言

本會自成立以來，屢次宣言，始終抱定三項根本原則，（一）上海問題與東北問題不能分別解決，（二）日本軍隊，應先撤回國內然後開始談判，（三）對日應武力抵抗到底，奔走呼號數月於茲，以為政府能順從民意，不至喪權辱國，陷我民族於萬劫不復之絕地，不料政府一方陽言長期抵抗，一面陰行屈辱乞和，以冀保存實力，鞏固政權，遂有上海停戰協定之成立，雖經民衆之激烈反對，而政府猶不顧一切，訓令被民衆痛毆之郭泰祺，在租界探捕森嚴保護之下簽字，既使上海問題單獨進行解決，置我東北於不顧，復許日軍集中於淞滬軍事要地，一面獲有抽師北向滅我東北義軍之機會，一面助其造成將來更進一步，逼我爲城下盟約之根據，此顯然放棄不撤兵不談判之原則，至爲政府之所謂對日長期抵抗，至是乃知完全爲欺騙國人之技倆，此所以本會回顧向來所抱主張之餘，不能不根本反對此項喪權辱國之協定也，卽就該項協定本身言之，亦含有無窮之危機，願爲我全國同胞陳之，第一，該協定第三條所定之日軍，暫駐於吳淞江灣引翔鄉及閘北等指定地點，旣未明白限期令其撤至公共租界及虹口方面之越界築路，而日軍撤退之區域，則依第二條附件第一號所謂常態恢復未經決定辦法以前，我國軍隊又不能自由移駐，是我之土地已無形失其完整，卽共同委員會眞能盡其職責，但日軍撤至公共租界及越界築路，又安能保其不重演一二八之暴行，以侵犯我土地，在該協定或解釋其係爲一二八以前之原狀，而不知一二八以前，日軍之在上海者，只少數海軍，並無此大部陸軍，今竟承認其駐重兵於租界，究何異引狼入室，第二，該協定第二條所定之中國軍隊，留駐於現在地位，必須日軍撤退區域之常態恢復，並經決定辦法以後，始能變易其地位，但如何始爲常態恢復，如何始能決定辦法，實爲絕大之問題，雖我方曾聲明軍隊調動不受限制，但以共同委員會監視，決不能自由移動其地位，致蹈破壞協定之罪名，設一旦遇有大股海盜或其他匪類，乘機在日軍撤退區域內發生騷動，我軍不能進擊，則該區內民衆之生命財產，將何以謀保障，日本聲聲以保僑爲名，我則受協定束縛，喪失保民之機會，痛何可道，第三，該協定第四條，接收日軍撤退區域之中國警察，雖無何種限制，我政府却自動宣言，係一種特別警察，決聘用專家，爲官長敎官，同時據日方代表聲明，則謂其聘用專家，含有外人在內，夫我國之行政機關，自有一定之組織與系統，如閘北江灣吳淞，有警察第四第五第七各區，寶山嘉定，亦有各縣政府負責，日軍既撤退，我行政機關，當然應立卽恢復舊觀，照常行使其職權，今忽另立名目，另行組織，顯然視日軍撤退區域，爲一種特別區域，如果聘用外國專家屬實，則更居心喪失國權，授外人以柄，既足啓國際共管之漸，而所謂中立區域自由市者，已不啻實際形成，第四，該協定第一條所定上海周圍停止戰鬥行爲一點，據日方代表說明，包含有蘇州河及浦東不駐華軍，謂已載諸議事錄，同時，據中外報紙所載，停戰會議之議事錄，確有莘莊龍華華漕之外及吳淞楊樹浦對面之二十基羅米突，爲不駐兵地點等語，查我國政府，在滬設有淞滬警備司令部，係維持治安之重要機關，淞滬人民之生命財產，全賴保障，今竟令警備司令部在所管地域，不能行使職權，而與戰事無關之南市與浦東，不駐紮軍隊，一如大沽口不設砲台，與天津周圍不駐軍隊之屈辱條約，毫無二致，總之，細按全文，喪權辱國之處，不勝枚舉，凡我同胞，亟宜一致否認，宣告無效，而對於政府此種措施，亦不能不依嚴正方法，課其責任，一面由民衆方面，盡其所能，加緊實際抗日工作，不達日軍完全退出我國領土，我國行政權力完全回復，決不中止，特此鄭重宣言。（五月八日上海各報）

粵市黨部通電反對停戰協定

指出五大缺點

粵省市黨部八日通電，反對停戰協定，就該協定列陳五大缺點，(一)滬事隨東北事件發生，應全部解决，今協定絕不提及東北，是不啻放棄東北，與我代表在國聯聲明三項，所謂國聯决案，應爲解决全部糾紛不符，(二)協定第二條與附件，我駐兵地點，該線以東地域，我駐兵權無形中受協定限制，況常態恢復，又無標準辦法，勢必視日意爲轉移，卽常態未經日認爲恢復，淞滬被佔領土，我卽不得駐兵，此與辛丑約天津五十里內，不得駐兵之規定，有何異，(三)協定第三條及附件規定，日軍暫時駐地，暫時之意義已極含混，而毗連地之面積，僅以ABC等圖，爲概括的說明，廣袤若何，非國人所能知，則所謂日兵撤退，不過爲日人圖掩耳目之計，而毗連地恐無收復之日，(四)淞滬路爲我國防要區，應由我派兵駐守之，協定僅規定日不干涉淞滬路，而於我派兵保護，幷無明文規定，假令日橫來干涉，將若之何，又日殘廢軍人及牲畜，連同醫藥人員，得遺留原地，幷需我保護，不管予日將來啓釁之機，（五）協定第一條及第四條之規定，友邦代表及共同委員會對履行一二三條，有任何疏懈時，僅有查明及促使注意之權，幷無强制履行之力，日强橫無理，國際條約九國條約國聯決議尙不能令其服從，而謂友邦代表查明共委會促其注意，便可使其遵守，其誰信之，末謂，總觀協定全文，不特含有政治性質，抑且喪失國權，現東北義軍紛起，國聯進行調查，日已覺難於應付，我政府正宜奮帥三軍，鼓勵國民，與日周旋，則領土主權，必有完整之日，奈何計不出此，遽然簽協定，執政諸公，詎能卸責，民族存亡，千鈞一髮，懇速圖挽救，以拯危亡。（九日專電）（五月十日申報）

留粵中監委反對停戰協定通電

留粵中監委蕭佛成等通電云，各報均鑒，本日同人等致中央黨部國民政府一電，文曰，據電傳上海停戰協定，竟於我總理就大總統職莊嚴之紀念日簽訂，同人等聞悉之下，驚詫異常，自滬案發生，政府日宣言長期抵抗，乃獨忙迫於遷都，十九路孤軍奮鬥，卒以援絕退守，羣情憤激，不可終日，而猶體諒政府苦衷，相與容忍，希望停戰會議之完成，日軍得以早行撤退，國土主權得以保全，同人等亦曾於鐵敬兩電陳明中央，主張滬案應與東省事件同時解決，對於撤兵原則三項，期期以為不可，中執會東日覆電，亦謂與諸同志意旨，初無二致，乃此次停戰會議，祗及滬案，而置東省事件於不問失計已甚，即就協定而論，如第二條規定，所謂常態究如何始得謂之常，所謂辦法，究如何決定，均未附以明確之注釋，日人若藉口辦法未決定常態未恢復則附件第一號所列廣泛之區域，我國將永無駐兵之自由，雖附則規定共同委員會可監視履行，而最終之權亦僅可促其注意而不能強其必從，至第四條規定，雙方撤退，是以侵略者與被侵略者等量齊觀，且我國軍隊在我國領土內，何有撤退可言，又同條規定，日軍撤退，以中國警察接管，我國所附聲明書更聲言願自動設立特別治安警察隊，以維持秩序，是不當自承該處以後祇可以警察防守，而無駐軍之權，與辛丑條約，天津附近區域內，不能駐兵之規定何異，數月來，國民及同人所渴望於政府者，不圖結果竟至於斯，此次訂約條件，政府始終不許同人聞問，上海各團體一再籲請宣示，均諱莫如深，即法定立法機關，外交事件須經其同意者，據報章所傳，亦不肯稍假以時日，使有考慮之餘地，竟爲倉卒通過，外交大事，苟非喪權辱國，何以必要絕對秘密，急行簽字，昔袁逆簽訂二十一條之約，秘密賣國，國人至今痛恨，我革命政府當局，奈何躬自蹈之，事關民族存亡，義難緘默，迫切陳詞，伏維垂察等語，合電聞，中央執監委員蕭佛成，唐紹儀，鄧澤如，鄒魯，陳濟棠，李宗仁，林雲陔，白崇禧，林直勉，黃旭初，劉紀文，鄧青陽，林翼中，程天固，香翰屏，區芳浦，陳耀垣，李揚敬，李綺菴，繆培南，李任仁，余漢謀，詹菊似，崔廣秀，關素人佳印。

北平各團體救國聯合會反對停戰協定

上海各團體救國聯合會，昨據北平各團體救國聯合會籌備處（聯絡）來電，兵在境，不開任何談判，滬事決不單獨解決，此二大原則，政府前曾一再聲明，今滬上停戰談判，不論條件如何，根本不應開議，即是喪失國家威信，此本會應請全國公民注意一，長江流域之作戰，地形上民氣上軍事上皆利於我有害於敵，滬戰屢勝，便是明證，政府苟稍稍援助，不使彼此兵力相差過甚，則敵兵萬無勝理，是此次停戰，我應不輕允許，敵則求之不得者，乃我反多方退讓，敵返故意要索，屢勝則不予接濟，稍挫則急求停戰，政府是何心理，此本會應請全國公民注意者二，協定內容，但就已披露之中文本而言，喪權辱國已有多端，國軍在領土內無前進自由，一也，敵兵無完全撤退限期，二也，敵兵撤退區域，設特別警察，有侵犯主權流弊，三也，詳審條文，我無一得，而所受害最大者，一軍隊前進受拘束，二一切敵對行爲受限制，此二端皆敵所深畏者，我乃訂明文爲之保障，邀列國爲之佐證，如此自殺，若惟恐國亡之不速者，嗚呼，平時高唱打倒帝國主義，今乃反對抵抗，平時高唱取消不平等條約，今乃加增束縛，無事則大言樹敵，有事則媚敵罔民，如此政府，此後已失之領土，有無收回誠意，未失之版圖，有無保全能力，此本會應請全國公民注意者三，現在協定尙未換文，我四萬萬同胞，苟不願隨亡國之官，作亡國之民，允宜急起直追，不惜任何犧牲，爲有效之反對，本會謹先嘷引，敬聞敎言。（五月十四日申報）

大學教授抗日救國會反對停戰協定

全國國民公鑒，停戰協定，利在敵人，彼內足以解經濟絕嚌之厄，外足以緩國際集矢之攻，小可以洒滬濱敗衄之羞，大可以固遠東進展之勢，是以病牀不能阻其簽字，東京輿論且大慶外交之成功，而返考我方所得，除政府犧牲主權以代租界內享有特殊利益各國之贈品，與朝野上下極少數之短視者，獲得暫時苟安之感覺外，他何有焉，是以同人等以爲協定內容，可以不問，即就停戰協定本身論，與日言歡，其爲辱國喪權，已無可諱，何況吳淞閘北之砲聲雖寂，亦第移轉其嚮以蔽遠方，隆隆者固仍在我國境之中，河山不隔，血氣如腥，謂爲停戰，他國人可以此欺我，我國人不忍自欺也，獨憶兩月以前，我上海各團體方電請政府出兵東北，以制日本分兵南下，今呼號未遠，而竟任日本擾得此停戰好機會，以併其力於東北，寧不痛心，且上海爲東方唯一輸入口岸，倘社會對經濟無辦法，此後日貨滔滔輸入，又何異直接間接以金錢給助日本增兵東北之餉糈，政府雖再三聲明滬事爲中日整個問題之一部分，東北問題並不因此而停止交涉，然事實如此，天日知之，婦孺亦知之，政府有何權力能加以掩飾乎，夫當此時代，無論何國政府，任何行動，莫不含有世界性質，無法離國際政治而獨立，我國豈能獨超例外，況此次日本侵略我國，關係遠東利益分配前途，至爲複雜，英美法意四强參加停戰會議，我國幾已完全處於被動，政府猶謾謂無政治性質，不知日本方鼓吹圓桌會議，將根據此協定以課我政府之責任矣，是故政府其知之，是欺我民也，其眞不知，則是政府之昏也，嗚呼，政府已矣，我國民將何以自救，同人等責在敎育救國，對此五月五日之停電協定，一息苟存，决不承認，抗日工作，誓必隨國人後努力到底。臥薪嘗膽，我志不渝，謹此宣言。（五月十四日申報）

淞沪抗战史料丛书

第一辑：上海抗日血战史／何天言编
第二辑：上海事变与报告文学／南强编辑部编
第三辑：上海市民地方维持会报告书／上海市民地方维持会编
第四辑：十九路军六十一师百廿一旅淞沪抗日战记／张励编
第五辑：淞沪御侮记／沃邱仲子著
挥戈录：上海战事记载／民声出版社编
十九路军血战抗日之真相／抗日急进会编
第六辑：上海抗战／贾开基编
淞沪血战面面观／刘子清编
空军抗战纪略／吴亮夫著
远东第一次空中大战记／战时读物编行社编
第七辑：沪难与日本／佚名著
淞沪和战纪事／佚名著
第八辑：战地摄影／李尊庸编
庙行镇战记／赵寒星编
淞沪抗日战役第五军战斗要报／佚名著
商务印书馆通信录国难特刊／商务印书馆编
第九辑：十九路军血战全史／高慎行编
一二八两路创痕／佚名著
一二八的一些纪念品／淞沪警备司令部编
第十辑：军中随笔／谢冰莹著
东战场上／华之国编
上海前线／李女编
大江南线／曹聚仁著
东线血战记／曹聚仁等著
别动队在浦东／郭兰馨著
第十一辑：沪战实录／杨纪著
上海抗日血战记／李剑翁编
淞沪抗日之血痕／詹宝光著
第十二辑：闸北七十三天／胡风主编
淞沪火线上／范长江主编
上海抗战记／郭沫若等著